内田龍史
編著

解放出版社

三つの出合い

内田龍史

●……はじめに

本書は、二〇〇九年から二〇一二年にかけて、雑誌『部落解放』に連載された特集「部落問題と向きあう若者たち」を、単行本として再録・再構成したものである。

特集は、部落問題と向きあっている若者たちが、どのように部落問題と出合い、どのような経験をし、今どのようなことを考えているのか、そしてどのように未来を展望しているのかについて、インタビューに回答していただく、あるいはご本人に執筆していただくものであった。

その目的は、部落問題と向きあう〈人の魅力という可能性〉から部落問題の現状を伝えることである。被差別部落出身者といっても多様性があり、ひとりとして同じ人はいない。しかし、社会のなかでの少数派＝マイノリティ問題にしばしば生じがちなことであるが、「部落の人」というカテゴリーのみでとらえられてしまい、十把一絡《じっぱひとから》げに、しかも否定的に評価されてしまうことがある。他方で差別の撤廃をめざすマイノリティによる社会運動は、自分たちの要求を社会に認めさせるために、団結・連帯を必要とする。それゆえに一枚岩の団結が優先され、個々の多様性を表出させることが困難になる傾向がある。それは、部落解放運動においても例外ではない。

こうした傾向に対して、一人ひとりに自分の人生があり、さまざまな課題と向きあいながら生きているという当たり前のこと。そのことを少しでも知ってもらえば、部落差別の撤廃・部落問題の解決に向かっていくのではないか。以下は私的な回想となるが、このように考えるようになった背景には私自身の三つの出合いがある。

1……「接触理論」との出合い

一点目は、「接触理論」との出合いである。

部落差別をいかに軽減させていくのか。母校である大阪市立大学で、部落問題研究を志した私が手がかりとしたのは、「接触理論」である。「接触理論」とは、アメリカの社会心理学者、ゴードン・オルポートが提唱した理論で、ある条件の下での偏見の対象となる人びととの出会い（接触）は、偏見の解消をもたらす効果があるというものである（Allport. 一九五四＝一九六八）。

この理論を手がかりに、私はかつて、部落問題に関する意識調査をできるかぎり収集し、部落出身者に対する結婚忌避的態度と、部落出身者との付き合いの有無との関係が記されている報告書を検討した。そして、すべからく部落出身者との付き合いがある層のほうが、部落出身者に対する結婚忌避的態度をとらない傾向があることを発見した（内田、二〇〇四a）。こうした傾向は、実際にさまざまな意識調査を実施し、データを検討するなかでも覆《くつがえ》されることのない知見である（内田、二〇〇二・二〇〇四b・二〇〇五・二〇〇六・二〇一〇）。

つまり、問題の解決には問題の当事者との出会いが不可欠だということを学んだのである。

2……映画『阿賀に生きる』との出合い

二点目は、本書の上川多実《かみかわたみ》さん・川﨑那恵《かわさきともえ》さんの章においても言及されている、ドキュメンタリー映画『阿賀《あが》に生きる』との出合いである。こちらも、母校である大阪市立大学の名物授業「公害と科学」をきっかけとして、後輩経由でその存在を知ることとなった。

故佐藤真《さとうまこと》監督の映画『阿賀に生きる』は、新潟水俣病をテーマにした映画であり、多くの未認定患者が登場する。しかし映画は、いわゆる被害者である患者の苦悩を映し出し、加害者を糾弾するという描き方ではない。そこで描かれるのは、豊かな阿賀野川の恵みのなかで、自然と共に生き生きと暮らしてきた人びとの日常の姿である。逆に言えば、自然と共に生き生きと暮らしてきたからこそ、公害の被害者となったことを読み取ることができる映画である。

そこから私は、具体的な人びととの生のありようを知ることから、その背景にある問題に気づけば、問題はごく身近なものとしてとらえられる回路が開かれるのではないかと、より強く想うようになった。まずは顔の見える存在として、生活している一人ひとりの人間の姿が描かれ、そのことを知ることによって、人間としての共感が生まれる。だからこそ、より問題の深刻さを感じ取ることができるのではないかと。

つまり、公害の「被害者」、差別の「犠牲者」、運動の「活動家」などといったカテゴリーの前に、一人ひとりの顔が見えることが重要だということを学んだのである。

3……私自身の当事者との出会い

三点目は、私自身、素敵な部落出身の当事者との出会いを重ねてきた経験をもっていることである。一人ひとり、顔の見える存在として、当事者と出会ってきた私から言わせれば、部落差別をすることは、まったくもってナンセンスである。それは、差別問題に関心をもち、社会学を学ぶことのできる大阪市立大学に入学して以降、本格的に部落問題と向きあうようになった私の実感にもとづくものでもある。

主たる研究が「現代の部落問題」であることもあって、私自身、全国各地で素敵な部落出身者、部落問題に関係する人たちに出会ってきた（もちろん素敵でない人もいるが、そんな人は部落出身者を問わずどこにでもいる）。そこで出会った顔の浮かぶ素敵な人たちが、部落出身であるというカテゴリーに属するからといって、部落差別の対象となることを、許しがたいこととしてとらえられるようになったのである。

加えて差別は、差別者が被差別者との関係を切ることなのだと考えるようになった。絆《きずな》やネットワークの重要性が強調されている現代社会において、自身の先入観や偏見によって差別をすることは、もしかしたら生涯の友人となる可能性のある人との関係を、あらかじめ切ってしまうことにほかならない。ひとりでは生きることができない人間社会において、差別はなんともったいない状況を生じさせるのだろうと痛切に実感するようになったのである。

4……前提となるカムアウト

ここまで、部落差別を撤廃していくための方法として、当事者との出会いが大切であることを述べてきた。しかし、部落出身者と出会うということはどういうことなのだろうか。

部落出身者はマジョリティ日本人と比較して身体的に特徴があるわけでもないために、見た目での判別をすることは通常はできない。そのため、ある人を部落出身者として認識するための前提条件として、当事者からのカムアウトが必要となる。しかし、のちにも繰り返すが、部落問題がタブー視されているなかで、部落出身であること／部落問題とかかわりをもっていることをカムアウトすることは、今もそれほどたやすいことではない。

その意味で、本書には素敵な当事者と出会って欲しいという意図が込められている。本書の最大の特徴は、本人の名前・生年・写真が掲載されており、そのうえで自分の生活史、ライフヒストリーが語られている点にある。いわば、部落出身者にとっては、そのルーツをカムアウトするということでもある。

カムアウトを前提とするという限界はありつつも、素敵なマイノリティ当事者と多く出会い、その生のありようにふれていくことは、差別の撤廃に向け、重要な役割を果たすと思う。

5……インタビューの実際

ここに登場する人びとは、各種のメディアを通じて、自身の部落問題に関するスタンスを公言している若者たちであり、必ずしも運動団体に参加している人たちとは限らない。[*1] そのうえで、

＊1　部落解放運動団体に参加して活動している若者が、なぜ部落解放運動に参加しているのか、その理由について大きくは、①部落差別への対抗、②地元の仲間への愛着、③運動を通じて地域を越えたつながりを得られること、④多様な学びと出会いを得られることなどがある。詳しくは、内田（二〇一三）を参照。

インタビュアーである私と編集者の松原圭さんが、ぜひこの方にお話を伺ってみたいと考えた人を選定した。つまり、すでに何らかのメディアを通じて部落問題についての考えを伝えようとしている人に、なぜそのような活動を行っているのかを聞くことに主眼を置いた。そこに部落問題と向きあう理由が込められていると考えたからである。

その点で言えば、本書に登場する若者は、こうした趣旨のインタビューに応じることができる人たちであることに注意が必要である。部落出身であることを公言することは、差別の厳しさなど、部落問題と向きあっているからこそ、むずかしい状況があることも事実である。そのあたりのむずかしさについても、本書の内容からその一端を知っていただきたい。

インタビューは、おおむね一～二時間程度録音したものを編集部がまとめ、私が校正したあと、インタビュー対象者に校正をしていただくという手続きを経た。残念ながら、紙幅の都合上貴重な話を割愛することもままあったことを付け加えておきたい。

なお、本書に登場する方々に対し、私がインタビューを実施したのは、二〇〇九年～二〇一一年にかけてである。若者であるからこそ、その後の環境や心境の変化もあるだろう。あくまでもその時点の想いとして、当時の記録としてお読みいただければ幸いである。

付記

本書内で用いられる専門的な用語については、『部落問題・人権事典』（解放出版社）の該当項目などを参照し、筆者である内田が解説を加えることにした。

なお、本書には部落問題の解決のために行政が実施した同和対策事業に関する事項が頻出するが、一九六五年の同和対策審議会答申を受け、一九六九年に制定された同和対策事業特別措置法によって本格化する特別対策としての同和対策事業は、二〇〇二年三月に同和対策に関する一連の法律が期限切れを向かえたことにより、国レベルにおいてはすでになくなって一〇年以上が経過している。

同和対策事業特別措置法は、同和対策事業に要する経費のうち、原則として国がその三分の二を負担または補助するという性格をもっていた。そうした補助がなくなり、財政は逼迫《ひっぱく》するなかで、地方自治体においても特別対策としての事業はほとんど行われていないことを付記しておく。

また、インタビューにあたっては日本学術振興会科学研究費補助金（「被差別部落マイノリティの社会的アイデンティティと地位達成メカニズムに関する研究」〔若手研究（B）、課題番号21730420、内田龍史研究代表者〕）を活用した。

文献

Allport,G.W.,1954,*The nature of prejudice.* New York:Doubleday Anchor Books（＝原谷達夫・野村昭訳、一九六八『偏見の心理』培風館）。

部落解放・人権研究所、二〇〇〇『部落問題・人権事典』解放出版社。

内田龍史、二〇〇二「同和地区出身者の生き方、出会い体験」『京都市人権問題に関する意識調査報告書』世界人権問題研究センター。

内田龍史、二〇〇四ａ「部落マイノリティに対する忌避・差別軽減に向けて――『接触仮説』を手がかりに」『部落解放研究』（部落解放・人権研究所）第一五六号。

内田龍史、二〇〇四ｂ「結婚差別について」『人権問題に関する野洲町民意識調査報告書』野洲町教育委員会。

内田龍史、二〇〇五「忌避的態度」『人権問題に関する名張市民意識調査報告書　二〇〇四（平成一六）年度』名張市。

内田龍史、二〇〇六「部落出身者に対する結婚忌避とその克服に向けて」反差別人権研究所みえ編『人権問題に関する三重県民意識調査報告書――詳細分析から見えること』三重県。

内田龍史、二〇一〇「結婚差別について」『人権問題に関する野洲市民意識調査報告書』野洲市。

内田龍史、二〇一三「部落の青年にとっての部落解放運動――運動への参加・継続要因」『部落解放研究』一九八号。

部落問題と向きあう若者たち◉もくじ

装画　出口敦史
装幀　上野かおる（鷺草デザイン事務所）

インタビュー……二〇〇九年六月

若い子に伝えたいことがある

石井眞澄……一九七八年生まれ
石井千晶……一九八二年生まれ

滋賀県の部落で育った千晶さんと、以前、親に部落出身者と付き合うことを反対された眞澄さん。ふたりは出会い、親を説得して結婚する。また、自身の体験を若い人に伝えたいと学校などで講演をしている。結婚にいたるまでの経過と、なぜ講演活動をしているのか、お話を聞いた。（編集部）

◉……部落問題との出合い

――部落との出合いを教えてください。

眞澄　私の記憶では、小学生では全然なくて、中学生は学校の社会の授業に「エタ・非人」[*1]が出てきたので、その言葉を知っているぐらいです。高校では、年一回部落問題の講演がありましたが、正直、縁がなかったから親ともそんな会話をしたことがありませんし、どこの地域が部落だとか、まったく知りませんでした。

部落との出合いは、大学に入ってからです。高校で同級生だった女の子が、大学の方向が一緒やったので、いろいろしゃべっているうちに付き合うようになりました。

付き合ってお互いの家に行き来していたら、私の親が彼女に「どっから来たん」と聞いたので、

＊1 エタ・非人…「エタ」は「穢多」という文字があてられ、江戸時代以前に賤民身分として位置づけられた人びとのこと。「非人」も同様である。部落差別は、賤民身分にルーツを持つ人びとへの差別を出発点としており、部落に居住する人びとに対しても結婚、就職などの差別が見られる。これら部落差別によって生起する社会問題を部落問題と呼ぶ。

いしい ちあき さん

彼女も正直に自分の住んでいる町名を言ったわけです。

そのときはそれで終わったのですが、親は彼女の住んでいる町が部落だということを知っていたようです。それで彼女が帰ってから「あの子と付き合わんときや。あの子がどんな地域の子か知ってるか。こわいところの子なんやで。みんなそう言わはるし」と言われ、それで初めて部落のことを知りました。

――そのときの気持ちはどうでしたか。

眞澄　正直、ショックでした。高校での講演のなかで、部落はたいへんというのか、苦労するというイメージがありましたから、自分の彼女が部落だと思うと、めっちゃいい子やのになんで……という気持ちがありました。また、今まで差別をしたらあかんという教育を受けてきましたから、親がそんなことを言うのもショックでしたし、同時に、本当に部落はこわいんやろかという不安や、いろいろな気持ちがからみあいました。ショックでしたが、親の言ったことが本当に悲しかったので、「部落の人になんかされたんか。なにもされてへんのに、いい加減なこと言わんといて」と反論しました。なにも悪いことしていない彼女のことをなんで悪く言うのか、俺《おれ》の好きな子やのになんで付き合ったらダメなのか、こんな気持ちでいっぱいでした。

そして次の日、彼女に会ったとき、親から言われたことを話しました。そして「いろいろ考えたけど、俺はもう一九歳になってるし、自分でなにが正しいか悪いかを判断できるし、やっぱり正しいことをしたい。俺は部落をなにも思ってないから」と彼女に言いました。そのあと、二人で子どものように泣きました。

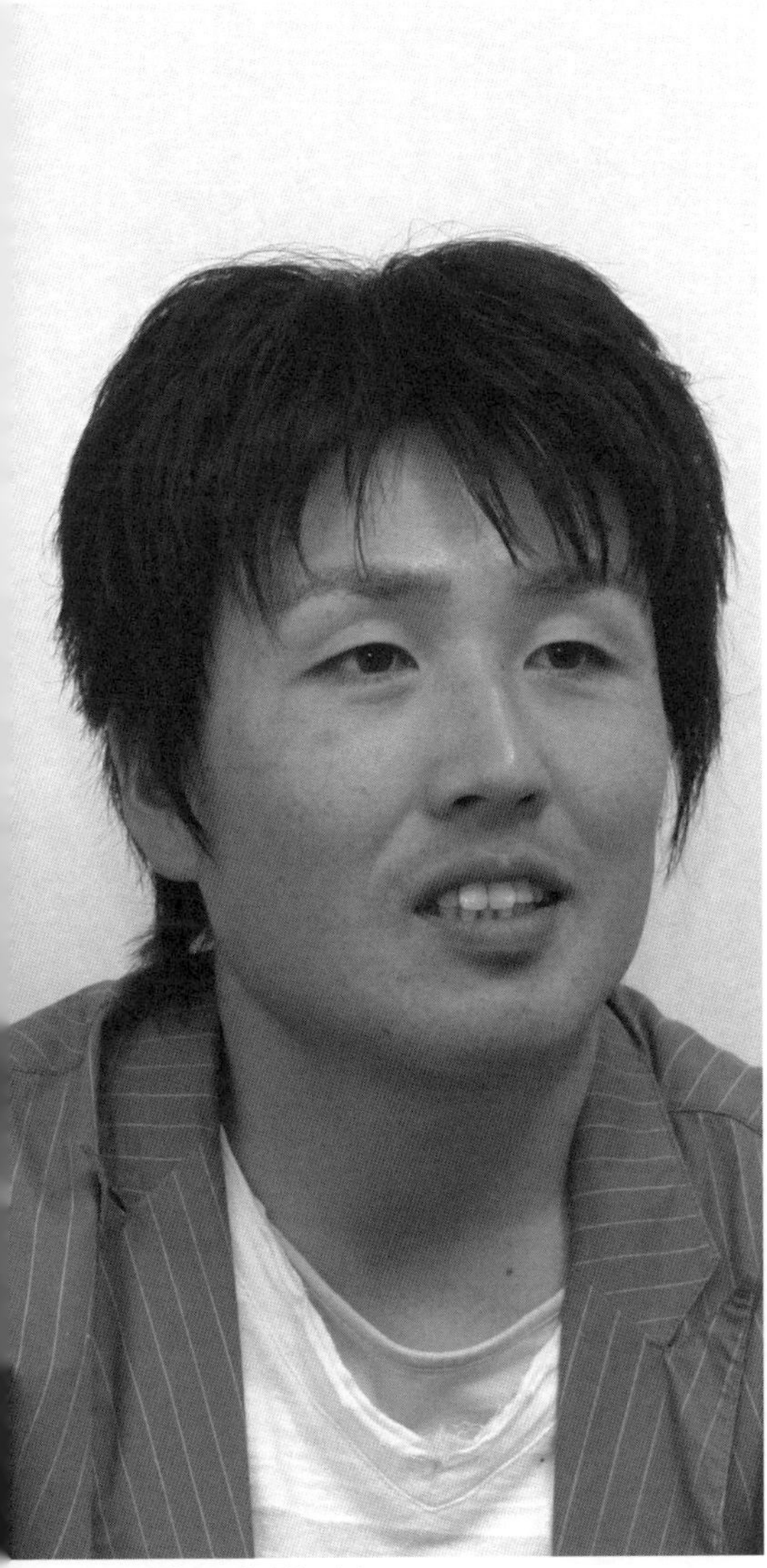

いしいますみ さん

――その後、親や彼女との関係はどうなりましたか。

眞澄 私の親は商売をやっているので、表の付き合いはとてもうまいんです。だから、その後、彼女が家に遊びにきても、あからさまに悪いようにはしませんでしたし、普通にお菓子を出してくれたりして、親と彼女の仲が悪くなるようなことはありませんでした。

彼女の親には私からは直接言いませんでしたが、彼女が親に相談したようです。ある日、彼女の家に行ったら、彼女のお母さんが自分の結婚のときの体験を話してくれました。彼女のお母さんは部落外の人なんですが、お父さんと結婚するときに部落ということで相当苦しんだようです。彼女のお父さんは、当初、家にもあげてもらえなかったという話を聞きました。

その後、彼女とは半年ぐらいで別れましたが、これは差別が理由ではなく、そのときの私の考えの甘さが原因だったと思います。彼女は短大だったので一足先に社会人になったのですが、私はまだ学生の考えのままでいたので、そのすれ違いだったと思います。

――千晶さんが部落について知ったのはいつですか。

千晶 私が部落のことを初めて知ったのは小学校二年のときです。当時、私の住む町には自主活動学級（自主活）といって、町内の同級生が集まって勉強をしたり遊んだりする場がありました。私はそれに小学校に入ってから当たり前のように参加していましたが、先生が私の町内の子だけを誘っていたり、ほかの町の子たちからは自主活の話が出ないから、おかしいなと思っていました。それで小学校二年のころ、母親に「なんで、末広町だけ自主活ってあるの」とたずねました。すると母親は、末広町は昔から差別を受けてきた地域だからということを教えてくれました。

でも、小学生なので、差別ってなんやろって思って活動していました。

――お母さんから教えてもらったというお話ですが、お母さんは部落解放運動をしていた人ですか。

千晶　まったくしていないと思います。お母さんは部落の出身ですが、部落を出たら差別をされないと思っていたようです。だから結婚したあと、子どもの本籍地が部落じゃなかったら差別をされないと思ったようで、部落から出て私たちを生みました。そのため私の本籍地は部落ではないんです。私が結婚するときに住所を調べられても、部落だとわからないし、あんたらにはそういう苦労をさせたくないから、本籍地を変えたと言われました。

その後、離婚とかいろいろあって、末広町に戻ってくるのですが、私が自主活に行き出すと、絶対にそんなんに行くなと言われましたし、戻ってきたのがまちがいだったと思ったようです。

――お母さんにそこまで言われても、なぜ自主活に参加したのですか。町内の子どもたちはみんな参加していたのですか。

千晶　私の同級生は町内に三〇人ぐらいいるのですが、そのうち自主活に参加していたのは三、四人です。現に私の兄は自主活には参加しませんでしたし、差別なんかないと言っていました。自主活に来ている子でも、真剣に差別のことを考えている子はいなかったと思います。やがて中学生になると、自主活に毎回行くのは私ひとりになりました。

私が自主活に行っていたのは、お父さんがいなかったというのが大きいと思います。自主活に行くと、加配[*2]の先生が勉強を教えてくれたり話を聞いてくれたり、かまってもらえるというのがすごくうれしかったんです。今思うと、寂しかったから行っていたと思います。

高校に行くと奨学生友の会[*3]（奨友）というのがあると教えてもらったので行ってみると、男の人ばかりでした。自主活とは雰囲気が全然ちがうし、みんな勉強をせずにしゃべっているだけだっ

＊2　**加配**…同和対策事業の一環として、校区に同和地区がある学校には、「同和加配」として、通常の教員数よりも多く教員が割り当てられていた。加配教員は、同和教育の実践や地域と学校との連携をになっていた。

＊3　**奨学生友の会**…部落と部落外の学力・学歴格差の解消をめざすために、同和対策事業の一環として、部落の高校生・大学生には部落解放奨学金が給付あるいは貸与されていた。その奨学金の受給者を組織した団体のこと。

たので、「この人らなにしに来てるのやろ」と思いました。そんななかに入って活動していく勇気はありませんでしたが、奨友の活動は地域の親から援助を受けて活動しているわけで、お金をもらっているのになにも活動しないというのはおかしいと思いました。

そういう気持ちで活動をしていると、まわりの男性は自分がやるのが面倒くさいのか、新聞を書くのも買い出しに行くのも、なんでも「女やからお前がやれ」と言われ、ずっと使われていました。だから、奨友の活動は、ほとんど私がやっていたと思います。

大学に行ってからも、私が行かないと活動が成り立たないので、奨友の活動のある火曜日は、毎週あけて参加していました。

卒業後も仕事が忙しいなか、活動の日だけ早く帰ってきて参加していましたが、そういう負担が全部自分にかかってくることがしんどくなっていました。

また、ここ数年は同和行政[*4]の見直しで、活動をしていた集会所がなくなったり、先生が来てくれなくなって、もう近江八幡《おうみはちまん》ではかんたんに活動ができなくなったんです。だから、結婚して末広町をはなれたので、もうやめたいなという気持ちがありました。でも、今ようやく後輩が入ってきてがんばろうとしていますので、呼ばれたときは行きますね。

――学校では同和教育[*5]を受けたのですか。

千晶　小学校ではどんな学習があったのかもう忘れましたが、中学校では一年で障害者問題の学習をしました。私の家の近所に養護学校があって、小さいころからよく養護学校に通っている人を見てきましたが、変な人やなという気持ちがあったんです。それが差別だというのを、一年で気づかされました。それで、二、三年が部落問題の学習でした。

＊4 **同和行政**…部落問題の解決のために行われてきた行政施策のこと。一九六九年、同和対策特別措置法制定後に全国で本格化した。

＊5 **同和教育**…部落問題の解決のために行われてきた教育のこと。部落の子どもたちの教育権を保障すること、就職差別を撤廃すること、部落差別を許さない社会状況をつくることなどをめざして、さまざまな実践が行われてきた。

私は担任の先生から、人権学習の時間にクラスで発表してくれと頼まれました。そのときクラスには部落の子が四人いましたが、あとの三人には頼まなかったので、なぜ私だけに頼むのかなと思って聞きました。そしたら、あとの三人は自主活にも来ているわけじゃないし、お前が一番しっかりしているから発表できるやろと言われ、先生は毎日のように家に来てお母さんを説得していました。

でも、お母さんがどうのこうのじゃなくて、私がみんなの前でしゃべるというのが嫌だったから、初めはずっと拒否していたんです。でも、あまりにもよく家に来て熱心に説得されたので、その先生の熱意に負けて発表することにしました。

しかし今となってはなにをしゃべったのか、あいまいになっていて覚えていないのですが、私がクラスで発表している途中に、泣いてしまったんです。すると、小学校からいっしょだった子がクラスのなかにいて、突然、横に来てくれて、私の原稿を読んでくれたのは鮮明に覚えています。その子は部落出身ではなかったのですが、そのとき、私ってすごく恵まれていると思いました。

私たちの学年が、そういう学習を受けた最後ぐらいの年代だと思います。末広町の親たちから、そういう学習はやめてくれというクレームがあったらしく、いま二三歳から下の子はあまり部落のこととかを知らないようです。

――これまで、差別体験はありますか。

千晶　中学生のころですが、友だちの家に遊びに行ったとき、友だちのお母さんがいたので私は「こんにちは」とあいさつしました。お母さんも「ゆっくりしていってね」と言ってくれたので、部屋で友だちと学校のことやいろいろな話をしていました。しばらくするとお母さんが友だちを呼んだので、私は部屋で友だちが戻るのをずっと待っていました。静かだったので親子の会話が聞こえてきて、お母さんが「末広町の子と遊んだらあかんよ。友だちにもならんとき。今日は用事できたからって、帰ってもらい」という会話が聞こえてきました。友だちが部屋に戻ってきたので、私の方から「用事思い出したから帰るわ」と言って家を出ました。

中学校では人権学習を受けているし、差別はなにかを知っているつもりでいたし、実際にお母さんが仕事場に行くといろいろあるというのも聞いていたけど、そのときは頭のなかが真っ白になりました。

ショックが大きくて、誰にも言いませんでした。もしお母さんに知られたら、たぶんつらい思いをすると思って……。お母さんは何度も、ここに帰ってきたのがまちがいやと言っていましたから、また自分を責めると思って誰にも言いませんでした。

そこからかな、強くなりたいと思ったのは。

高校生になってからは、先ほどお話しした奨友にも入って、私自身が跳ね返せるように、いろいろな人の講演を聞いたり、勉強や交流をしに行きました。

そんななか水平社*6創立のメンバーのひとりである西光万吉《さいこうまんきち》*7さんのビデオを見て感動し、これは絶対にお母さんに見せようと思いました。家に帰って、これ見てやと言いましたが、お母さんは「見いへん」と言います。それで一緒に見ようとかけましたが、真剣に見ようとしてくれませんでした。興味がないという感じです。興味がないわと思ってあきらめていたら、後日ひとりで見ていたようで、ある日、お母さんの手書きメモのなかに、西光さんの詩が書かれてありました。

＊6 水平社…一九二二年に結成された部落解放を目的とした当事者団体、「全国水平社」のこと。「特殊部落民は部落民自身の行動によって絶對の解放を期す」ことを綱領に掲げた。一九四二年に消滅。戦後、一九四六年に水平社の活動家らにより部落解放全国委員会が結成、一九五五年に部落解放同盟と改称され、現在にいたる。

＊7 西光万吉…一八九五—一九七〇年。本名・清原一隆。奈良県の被差別部落に生まれ、全国水平社の創立者のひとりとして活躍した。「水平社宣言」の起草者でもある。

えっ、どうしたんやろ？　と思ったのと同時に、とてもうれしい気持ちになりました。
それからは、ちょっと前向きになってきたようで、私が活動するのも、今回のこのインタビューも反対しないようになりました。

●……結婚までの経過

——その後、眞澄さんと千晶さんが出会って結婚するのですが、結婚までの経過を教えてください。

眞澄　出会いはスポーツジムです。私は人見知りなので、ジムに入って半年間はひとりでもくもくとトレーニングをしていました。そのジムのなかに友だちがいて、その子に誘われて始めたエアロビクスで、千晶を知りました。
第一印象は、あつかましいというのか、ちょうど千晶が就職したときで、私は普通にジムでトレーニングをしているのに、「就職祝いが欲しい」と自分から言ってきました（笑）。それでも、二、三週間ほっていたら、「いつしてくれるの！」という催促があって、それで一緒に食事に行きました。食事の帰り、駐車場でしゃべっていると、突然、「私、部落出身やねん」と話されました。
普通そういうことはなかなか言わないことだし、びっくりしました。しかし強い子だと思っていたから、それを聞いてあらためて強い子やと思いました（笑）。

千晶　なぜ、そんなに強いのって聞かれたから、いろいろ考えても私のやってきた活動のことしか思い浮かばなかったので、それを説明するには部落出身というのを言わないと始まらないと思ったので、言いました。というか、そのとき、私は彼のことが好きというのもありました。

眞澄　後々聞いてみると、すでに俺のことが好きやったみたいです（笑）。でもそのときは、この子が全部自分をさらけ出してくれてると思ったから、俺もさらけ出さんとあかんと思って、実は俺も昔、部落の子と付き合ったことがあるという話をしました。

千晶と付き合うんやったら、強い決意をもって付き合わなあかんと思った記憶があります。中途半端な気持ちで付き合ったら千晶を傷つけるだろうし、俺もすぐに投げ出してしまいそうなので。

そんなことをいろいろ考えていたのですが、部落ということを先に考えるより、千晶を好きか好きでないのか、それだけだろうと思うようになりました。そしてやっぱり好きだったので、親がどう言おうが、関係ないと思ったのです。どう考えても部落差別はおかしいじゃないですか。そこに住んでいるだけで、なんで差別するんやと思ったので、だから自分が正しいと思う行動をとろうと決めました。

——親に伝えたとき、どう言われましたか。

眞澄　付き合い始めた早い段階で、親がどこに住んでいる子か聞いてきました。私が末広町やと言うと、お父さんは「末広か」と一言だけで、たぶん部落というのを知っていたと思います。

あとから聞いた話によると、うちの親もずいぶん悩んでいたようです。お寺の住職さんに相談に行ったりしたらしいですし、自治会の行事のなかに人権の行事もあって、そこで勉強もしていたらしいです。

とくに住職さんの説得が大きかったと思います。うちの両親は熱心な仏教の信者で、総代もやっていました。仏教の教えには、人間はみんな平等というのがありますから、部落差別はあかんというのは自分なりに理解していたと思います。そのうえで住職にも説得されたので、変わったのだと思います。

私もその住職から、「部落差別はあかん時代で、みんな平等ということをお父さんに話したから。眞澄くん、お前は今の彼女をたいせつにしやなあかんで」と言われて、親が相談をしていたことがわかりました。

私はもっといろいろ問題が起こると思っていたのですが、結婚の話をしたときは、うちの親が変わっていて、本当にすんなりＯＫと言われました。

元は差別はしたらあかんという考え方をもっている親で、人間的には昔も今も尊敬できるのですが、そのときは世間体だけを気にしていて、今までの偏見に騙《だま》されていたという感じです。

――千晶さんは結婚までのあいだ、どう思っていましたか。

千晶　不安でした。不安でしたが、彼にそれを言いませんでした。言ったら悩むかなと思ったし、あえて言いませんでした。それで、たとえ話とかをしました。

もし、こうなったらどうするのとか、反対しはったらどうするのとか。

私は前に付き合っていた人の親から、「付き合うのは別に問題ないけど、結婚やったら考えるで」と言われたことがあるから、この人の親も同じやったらどうしようかなと思って、たとえ話で聞いていました。彼は強い意志でなんとか……とか言うけど、本当に強い意志をもてるのかな、ちゃんと立ち向かっていけるのかなと思っていました。でも、それは言いませんでした。

眞澄　千晶と結婚したいという気持ちがあったので、千晶の地域の奨友にも入って勉強しました。

千晶　それで来たんか？

眞澄　それはそうやで。実際に部落のことを知りたければ、なかに入ってみないとわからないと思いました。なかに入ってみると、こわいというのが偏見だということがわかりました。もちろん、ガラの悪いというか、こわそうな人もなかにはいたけれど、それは部落外にもそんな人がいるぐらいのものです。

いい意味でちがうと思ったのは、末広町の人はみんな和気あいあいとしているというか、気さくに話し合うという印象をもちました。私の実家の地域では、そこまで密に話をするということがありませんでしたから。外部の私が文化祭の手伝いをしていても、普通に話しかけてくれましたし、そういう地域を見て、こわいというのはまちがいだと思いました。

それから付き合ってすぐに、二人でデートがてらリニューアルオープンしたばかりのリバティおおさか（大阪人権博物館[*8]）に行きました。今後のことを想定して、私も知識をつけとかなあかんと思いましたから。

――部落に対する偏見がまちがいだと気づいたと言われましたが、実際に聞いた偏見は親以外にもありましたか。

眞澄　私は以前、京都で営業の仕事をしていましたが、私と同行営業していた人が「このへんは入らんほうがええぞ」とか「ここはヤバイぞ」と話しているのを聞いていました。実はここの子と付き合ったことがあるけど、やっぱりこわかったという話も聞いて、そうなんかなと思っていました。

◉……講演活動

――結婚されてから、二人で学校などで部落問題の講演をされているそうですが、きっかけを教えて

＊8　大阪人権博物館…大阪市浪速区に開館した日本で最初の人権に関する総合博物館。開館当初は「大阪人権歴史資料館」であったが、一九九五年にリニューアルオープンし、現在の名称に変更された。

ください。

千晶　私は奨友のとき、母校の中学校の先生から講演に来てくれと言われて、二、三回やったことがありました。大学を卒業後は、滋賀県で大手の会社に就職したので、そんなにたくさんの平日の講演は無理だろうと思っていました。あるとき高校から講演依頼があり、休みの取り方もわかっていない時期だったので、それを聞くため社長のところに行って、こういう講演依頼があるので休みたいと言うと、仕事として認めるので行ってこいと言われました。社会貢献をしろという人だったので、講演活動がなんと仕事として認められました。

また、講演先の高校には常務の息子が通っていたらしく、常務をつうじて講演の内容が社長に伝わりました。すると、もし機会があったら、今度は会社でしゃべってくれと言われました。そういうこともあって、学校の先生のなかで、あの子は昼でも講演に来てくれるという噂《うわさ》が広がったのではないかと思います（笑）。

彼に講演依頼がいったのは、ほかの地域の交流会にふたりで参加したときに、集会所の先生としゃべっていたなかで、彼が以前も部落の子と付き合っていて、いろいろなことがあったという話をしたので、じゃあいっしょにどうかという話がありました。私がその場で大丈夫ですと引き受けたため、彼と二人で講演をすることになりました。彼にあとで報告すると、えーって言われましたが、講演内容を先に原稿にして、それを読むかたちではじめました。

——迷いはなかったのですか。また、親は講演のことを知っているのですか。

眞澄　迷いはなかったのですが、うまく話ができるかどうかが心配でした。千晶は実際に部落差別を受けた経験を話し、私は逆に部落外で体験したことを話します。講演していることは、お父さんもお母さんも知っています。

千晶　今度、講演を聞きに行きたいわと、両方の親が言ってます。

――講演ではどんな話をするのですか。

千晶　自分と同じ立場の子が絶対にいるわけでしょ。そういう子たちが、うしろ向きの気持ちをもたないように、つらいこともあるけど、いいことがあるよって。それと中学生には、今は生活環境が狭いからわからないかも知れないけど、高校に入ったら環境も人の輪も広くなって、感じ方も変わってくるから、今ちゃんと話せる友だちをつくることのたいせつさを話します。

また、高校生には、社会にでたら「あそこはこわい」とか、私が実際に体験したような偏見があるけれど、それはちがうと言えることが理想だけど、言えない気持ちもよくわかる。でも、頭のなかではそれはまちがっていると認識してほしいと話します。

昔にくらべたら今は差別が見えにくくなっています。それを中学生、高校生が知らないまま過ぎると、また同じことの繰り返しになると思います。だから部落のことをちゃんと伝えたいと思って話しています。

眞澄　私は最初、部落差別っていうのは、部落の人だけが受けるものだと思っていました。だから部落外の人は傷つくようなことはないと思っていましたが、結婚差別とかは部落外の人も傷ついたり、嫌な思いをするということに気がついて、それを子どもたちに伝えています。経験するかしないかはわからないけど、こういう問題を知ってもらいたいと思いますし、経験したときに、世間体よりもなにが正しいかということで行動してほしいと思います。

私が高校で話すと、結婚のことだから年齢的に興味をもって聞いてくれているのがわかります。

ちょっとでも、頭に入れておいてもらえたらいいかなと思っています。私も高校のときに聞いた人権の講演が結婚差別の話で、自分の結婚のときはそれが頭の片隅にありました。

千晶 部落外の人が部落問題についてしゃべるのはあまりないと思います。ないから呼ばれるだけで、内容がいいからじゃないと思いますよ（笑）。

眞澄 内容がいいとは思っていないよ。

千晶 じゃあ、なんで引き受けたん？

――講演を引き受けたのは千晶さんでしょ。

眞澄 でも、なにかうまく説明できないけれど、私なりに部落問題を伝えていきたいというのはあります。

千晶 最近は、私はいらないんじゃないかと思うことがあります。ひとりで行ってきていいよ。

眞澄 私だけでは講演になりません。原稿を読むだけだから一五分で終わるので（笑）。

千晶 二人で一時間というから引き受けるので、ひとりで一時間は無理です。

眞澄 まだまだ一人前やないね。

千晶 二人で一人前！

――ありがとうございました。

原稿執筆……二〇〇九年六月

出会いからエネルギーが湧いてくる

「阿賀ルネサンス」に学んだ私の解放運動

川崎那恵……一九八三年生まれ

大阪の部落出身の両親のもとに生まれた川崎那恵さんだが、親から部落について教えられたことはなく、やがて部落外に引っ越すことになる。しかし、大学の授業のなかで部落問題と出合い、さらに新潟水俣病の取り組みや各地の部落を訪れるなかで、部落問題について考えていくようになる。大学を卒業した現在も、大学職員として働きながら、各地で部落問題の取り組みにかかわっている。（編集部）

二〇〇一年の春、私は大阪市立大学に入学した。入学式の後、「うちの大学は部落問題や在日朝鮮人問題など、差別や人権について考える授業がたくさんあるので、新入生の皆さんもぜひ受講して考えてくださいね！」というアピールが教員と先輩たちからあった。それを聞いて、「そういえば、うちの家も部落だったよなぁ」と思い出し、授業を受けてみることにした。

私の両親はともに大阪市内の部落出身で、私も四歳から七歳まで父のふるさとの浅香《あさか》地区に住んでいた。幼い頃、道徳の授業で聞いた話から勘づき、「うちの家って部落なん？」と聞いたら、母が「そうやで」と答えてくれたものの、家で部落問題について話すことはほとんどなく、中学・高校でも勉強した記憶はほとんどない。

そんなわけで、授業で部落の歴史や産業など、これまで知らなかったことを学ぶことは私の好奇心を刺激したし、グループ討論などを通じて同世代の受講生たちと互いの意見を交わし、自分の考えを深めることは非常に楽しかった。この夢中で学べる面白い授業は、一週間のなかで待ち遠しい時間になった。

一方で、差別の現実も学んだ。私の両親が若かった頃は、結婚差別や就職差別が当たり前のように起こっていて、差別を理由に自殺する若者がいたことも知った。忘れられないのは、受講生全員にとったアンケートで、「『生まれてくる子どもが差別されるかもしれないから部落の人と結婚しない』という考え方に、あなたは共感できますか？」という問いに、共感できると答えた受講生が半分もいたことだ。この授業のなかで、私が部落出身であることを告げたらどうなるんだろう、半分の人には嫌がられるのだろうか、と思った。差別ってまだあるんや……。意外な事実にびっくりしたが、結婚も就職もまだ遠い話で、どこか他人事だった。

●……部落出身であることの伝えにくさ

もっぱら私の関心は、自分の生い立ちにかかわる出来事や、両親から口止めされた理由だった。小学校二年生に上がるとき、父のふるさとから引っ越して、隣の小学校区へと移ったが、転校先で友だちができた頃、母から「前に住んでいたところを友だちに言わないように」と言われた。油かす[*1]やさいぼし[*2]を弟と二人で喜んで食べていると、「これを食べていることは人に言ったらあかんからね」といつも注意してきた。どうしてなんだろう？　子どもの頃から感じていた疑問がふつふつと湧《わ》いてきた。とはいえ、そんな疑問を両親に打ち明けられるわけでもなかった。

授業を担当している先生の周りに集まっていた先輩たちに、部落出身であることをすぐに「告白」してしまったことは、幼い頃からの両親との約束事を破ったみたいで（まるで『破戒』[*3]の丑松《うしまつ》

＊1 **油かす**…牛や馬の腸を煎ったもの。部落に流通する食文化のひとつ。

＊2 **さいぼし**…馬肉の薫製。部落に流通する食文化のひとつ。

＊3 **『破戒』**…一九〇六年に発表された島崎藤村の小説。主人公の瀬川丑松は、部落出身であることをけっして口外してはならないという父の遺言を戒めとする。

のような心境で）後ろめたい気分だった。事実、私が大学で部落問題の授業を受けていることをちらっと話すと、「なんで大学に入ってまでそんなことを勉強するんや？」と疑問視された。どうやら両親は、私と部落を遠ざけようとしてきたのだな、と気づくと同時に、部落問題についてみずから学ぼうとしている自分は、親の努力を水の泡にしてしまった親不孝な娘だなぁといたたまれない気持ちになった。

二回生になり、部落問題の授業を担当している先生の研究室に後輩たちがやってきてからは、「どうして川崎さんは部落問題について勉強しているんですか？」と聞かれたら、どう答えようかと非常に悩んだ。同世代でも部落出身者に対する忌避感情を持っているという事実を突きつけられてからは、もし「私の両親は部落出身で、つまり、私も部落出身のルーツを持っているから考えようと思ってん」と伝えたらどうなるのだろうか。この子たちは部落問題に関心を持っているから授業を受けたとはいえ、避けられたらどうしよう、差別されたらどうしようと思った。でも、どうしてそんなふうに部落出身であることを隠さないといけないんだろう、部落出身であることが悪いわけがないじゃないか、差別が悪いんだから。そんなふうに隠すなんて、まるで両親と同じでカッコ悪くないか⁉ 相手を信じられず隠している自分のみっともなさと、言ったらどうなるんだろうという不安と、こんなふうに悩んでいることなんて誰もわかってくれないという孤立感で、胸がきゅーっとなり、メソメソしていた。

◉……転機となった出会い

そんな私を見かねた先生と先輩が、後輩たちと一緒に連れていってくれたのは、香川県丸亀市本島《ほんじま》である。受け入れてくださったのは、部落解放同盟本島支部。二泊三日の滞在中、支部長や地域の女性たち、同世代の青年たちから、本島支部の取り組みについて聞き取りをさせてもらった。後輩たちは私が聞くのと同じように、本当に一生懸命にその地域の問題について考えていた。一緒に過ごした時間は、後輩たちに感じていた私の不信感や不安のかたまりを溶かしてくれるのには十分だった。

自分が部落出身であることを、この子たちに伝えても受け入れてくれるんじゃないかと思えた二日目の夜、雑魚寝《ざこね》布団の一部屋で、「実は……」と後輩たちに初めてカミングアウトができた。この経験は私にとっては、相手を信じて自分のことを打ち明ける初めての体験になった。

滞在中、両親と同世代の方たちの話を、初めてじっくり聴く機会に恵まれた。「寝た子を起こ

かわさき ともえ さん（2013年７月、大阪・御堂筋で行われた反レイシズムのパレードにて）

すな」[*4]の家で育ち、結婚差別を受けて初めて部落出身者であることを知り解放運動を始めた人や、それぞれにさまざまな経験があり、今の解放運動につながっている人たちがいた。だが、「子どもにだけは差別を受けさせたくない」という思いは皆さん同じだった。次の世代には、自分たちが味わった差別の悲しみを、体験させたくないという思いで解放運動をしていることを知った。その思いにふれ、大阪にいる両親を思い返したとき、両親もきっと私を同じ気持ちで育ててきたはずだと思った。両親は私に差別を受けさせたくないからこそ解放運動にはかかわらず、ふるさとを離れ、学力を身につけさせ、出世してほしいと願っていたのだ。解放運動にかかわっているかどうかという点では、私の両親と本島支部の人たちは違う生き方をしているが、根っこの気持ちは痛いほどにつながっているのではないか。

それを知ったとき、部落出身であることを隠して生きるのもひとつの選択だし、解放運動に取り組むのもひとつの選択だし、どっちが良くてどっちが悪いということではなく、差別があるからどう生きようかと悩んだりする人たちがいるんやなぁと得心した。

じゃあ、部落にルーツを持っていても、どんな生き方をするかは自由であり、私も両親に遠慮することなく、どんどんやりたいことをやったらいいやんと思った。まるごと受け入れてくれる仲間もできた。両親は心配するかもしれないけれど、そんな心配は無用であると思わせるくらいに、私自身が差別に悲しむことなく、いろんな人に愛されて生きていけばそれでオッケーやん、そういう人とのつながりをつくっていこうと思った。

＊4 **寝た子を起こすな**…部落差別があることにふれなければ差別はなくなっていくという考え方。終章参照。

◉……阿賀ルネサンス

そんなふうに前を向けるようになってきた大学二回生の終わり頃、私は「新潟水俣病安田患者の会」の事務局をしている旗野秀人《はたのひでと》さん（一九五〇年生まれ）に出会った。

大阪市立大学には差別について考えることのできる授業がほかにもあり、水俣病の授業もそのひとつだった。授業で新潟水俣病（一九六五年顕在化）の被害地を舞台にしたドキュメンタリー映画『阿賀に生きる』を観たのをきっかけに、二〇〇三年三月、現地訪問の機会に恵まれ、そこで旗野さんにお会いした。私は旗野さんに大きな影響を受けることになる。ここでごく一部ではあるが、旗野さんの取り組んでこられたことを紹介したい。

旗野さんと新潟水俣病とのかかわりは、二一歳のとき三里塚《さんりづか》闘争[*5]に参加するために向かった東京駅前で、水俣病のチッソ本社前座り込み運動に遭遇し、水俣の患者運動のリーダー的存在であった川本輝夫さんから、「新潟はどうなっているか」と質問されたことに始まる。新潟の地元に帰った旗野さんは本業の大工の傍ら、生まれ育った安田町の川筋の集落に足を運ぶようになり、患者と家族づきあいのような関係を築くなかで、地域ぐるみの自主検診運動や行政不服審査請求、新潟水俣病第二次訴訟に取り組んでいく。

また、患者たちと交流を重ねるうちに、彼らの持つたくましさや明るさ、一見貧しいように見えても自然と同じペースでゆったりと生きている暮らしぶりの豊かさに気づいた。そして患者を、「悲惨でかわいそうで救済してやらねばならない存在」とみなし支援者気取りであった自身を省みると同時に、運動や仕事に対する考え方を見つめ直すようになる。

＊5 三里塚闘争…成田国際空港建設に反対する闘争。三里塚は空港の候補となった地名。

一九八三年、熊本県水俣市で製作されたドキュメンタリー映画の自主上映運動でやってきた佐《さ》藤真《とうまこと》監督（一九五七―二〇〇七）に、旗野さんは阿賀野川とともに生きてきた人びとの魅力を語り、水俣病の告発という観点からではなく、患者の日常を撮った映画を作ってほしいと訴えた。そして、三年の製作期間を経て、一九九二年にドキュメンタリー映画『阿賀に生きる』が完成する。『阿賀に生きる』は、旗野さんの思いのとおり、できるだけ水俣病という言葉を使わず、川筋の人たちの日常の暮らしを切り取ったドキュメンタリー映画となった。この映画は、阿賀野川流域の生活者であり水俣病患者でもあった人びとのことを、多くの人びとに伝えてきた。しかし、映画が完成した翌年以降、出演した人たちが次々と亡くなっていったことから、「阿賀に生きるファン倶楽部」を主宰し、追悼集会を開催してきた。この追悼集会は二〇〇九年で一七回目を迎え、毎年映画のファン約一〇〇人が全国から駆けつける。

旗野さんは映画の製作にかかわる一方で、長期化していた新潟水俣病第二次訴訟に区切りが着いた後のことに、思いを馳《は》せていた。裁判が終わり、弁護団も医師団も共闘会議もない日常の生活に患者たちが戻ったとき、誰が彼らに寄り添えるのか、「およそ裁判闘争にかかわることを苦手としているふつうの人たち」とつながることが重要なのではないかと思うようになる。そして、患者である以前に川の民である川筋の人たちが生きざまにもう一回誇りが持てるような、ふつうの町民としてかかわり合いができるような仕掛けが必要ではないかと考え、人と人がゆるやかにつながれる仕掛けを生み出してきた。そこには、水俣病の運動は文化運動でなければならないという思いが強くあった。

新潟水俣病三〇年「それぞれの阿賀 流域展」、水俣病を後々まで伝えるお地蔵さんの建立、歌をうたうことがなによりの薬となっている患者さんのCD作成、患者さんたちの暮らしぶりを撮ったビデオの製作、聞き書きや絵本の発行、絵本を紙芝居にして全国行脚など、患者さんそれぞれの魅力、川とともにある暮らしの豊かさを伝える作品を生み出してきた。これらの取り組みを、阿賀野川の生活文化にふたたび光を照らす文化運動という意味で「阿賀ルネサンス」、または、阿賀に生きる（生きた）人たちの豊かな生きざまと誇りを語り伝えることで、患者さんが喜び、自慢できるような仕掛けを生み出したいという思いを込めて「冥土《めいど》のみやげ企画」と呼ぶ。

水俣病患者とはこういう者だと周りが決めつけることは、そうでない人間の排除につながると旗野さんは言う。だから患者さんたちを、「いつも病気で苦しみ、差別されるかわいそうな人」ではなく、病を背負いながらも、畑仕事や歌などそれぞれに楽しみを持ち、笑ったり泣いたりしながら暮らしている生活者として私に紹介してくれた。私の生きている世界とは遠く離れたところにいる存在ではない、具体的に想像可能で言葉を交わして友人になれる一人のひと――そのような存在として患者さんたちが私の前に現れたとき、新潟水俣病を二度と起こさないために、私ができることはなにかについて、考えるようになっていた。

水俣病の症状で苦しみながらも差別や偏見を恐れ、救済を求める裁判にかかわれなかった人たちがいること。たとえ裁判の原告となっても、最低限の救済すら実現されないまま多くの人たちが亡くなっていったこと。水俣病が過去のものと受け止められ、忘れ去られようとしていること。水俣病と同じような問題が、今も世界のあちこちで起こっていること。それらにいいようもない憤りを感じる一方で、仲良くなった患者さんと文通をしたり、教育実習の機会に水俣病を伝える授業を行ったり、患者さんと過ごした日々を写真に収め、文章を添えて写真展を開催したりしてきた。

出会いから六年が経ち、今では、新潟の阿賀野川流域は、あたたかく迎えてくれる親戚《しんせき》のいる第二のふるさとのような場所になっている。

◉……部落問題の伝え方

旗野さんと出会い、新潟に繰り返し足を運んでいるうちに、自分自身が当事者として向きあってきた部落問題について考えた。問題だけを取り出して語るのではなく、まずは個別具体的な人が目の前にいて、その人がこれまで生きてきたなかで、その人なりの部落問題と向きあってきたという伝え方・語り方をしていくことが大事なのではないかと思うようになった。

今の社会のなかでは、そもそも部落問題はタブー視され語られる機会も少なく、当然のことながら部落出身者がどこにいるのか、その存在は見えにくい。「昔、差別されていた人」「差別されている人」「(差別をしない自分にとっては)遠いところにいる人」といった印象のもと、自分とは関係のない対象・のっぺらぼうで関心の持てない対象としてとらえられているなかでは、個々に具体的な思いを持って生きている部落出身者の存在は見えてこないに決まっている。

部落出身者が差別的なまなざしや無関心などに直面し、居心地の悪さを感じざるをえないという現実への想像力は、自分がいる社会・時代と同じところに生きている部落出身者と出会って、初めて生まれるはずである。関心を持てる相手との具体的な出会いの先に、差別心なんて生まれようがないくらい、お互いがお互いを大切に思える関係を築ける可能性がある。その関係性こそが、少なくとも私自身が感じざるをえなかった差別に対する漠然とした不安や孤立を、解消してくれるのではないか。

●……各地の部落を歩く

私は部落出身者の周りに多くの出会いを生み出したいと強く思うようになり、自分なりにできることを取り組んできた。

まず、私自身が各地の部落へ訪ね歩き、そこで人と出会い、語り合い、つながってきた。同じ「被差別部落」としてくくられるとしても、地域ごとに特徴があり、当然ではあるが同じ人生を歩いている人は誰一人いない。それぞれの生の物語にふれることは、私の生きている世界を豊かにしてくれる。そして、「この人にもっと出会ってほしい!」と思う素敵な人と出会えたら、別の誰かにこの出会いをもたらしたいと思うため、後輩たちに紹介し、フィールドワークや合宿などの企画に携わる。ここで私にとって大切な場所・大切な人たちがいる地域を紹介したい。

まず、幼い頃暮らした浅香である。大学生の頃、地域の障害者会館での活動やお祭りなどのイベントに参加するなかで出会い直した人たちは、私にとってかけがえのない存在となっている。解放運動に取り組んできた人たちのなかに、浅香を出るという選択をした父のことを恨む人は誰一人おらず、むしろ外に出た分余計に苦労したことだろうと気遣ってくれた。そして、娘である私がふたたび地域に足を運んできたことを喜んでくれた。離れて暮らす今は、訪ねる機会は減ってしまったけれど、私にとって大切なふるさとである。

大阪の箕面《みのお》市にある北芝《きたしば》には、部落と部落外のゆるやかなネットワークづくりを進める取り組みがある。約三年前、北芝のカフェ「ＮＩＣＯ」が中心となって開催された石窯《いしがま》でのパン作りに参加したのが北芝との出合いである。「食」を軸にして人と人が出会う機会を生み出す北芝の取り組みに、私はとても共感しており、よく足を運んでいる。二〇〇八年秋からは地域の活動にかかわる同世代とともに、若者向けの人権問題連続学習会の企画に取り組んだ。

先に述べた映画『阿賀に生きる』追悼集会の夜の部・温泉宿での大宴会では、千葉県の部落に生まれたSさんと出会った。Sさんは新潟に来るきっかけとなった水俣病患者さんとの出会いを語り、そのなかで、自身が千葉の部落の出身であることを告げた。思いがけない出会いに私は驚き、「私も大阪の部落出身なんです」と伝え、お互いのこれまでのことを語り合った。その後、Sさんと連絡を取り合い、Sさんのふるさとを案内してもらったこともある。普段はメールでやり取りをし、私が関東方面に行くときは近況を報告し合う。Sさんは私の父より年上だが、私の取り組んでいることをいつも応援してくれている大切な友人である。

そのほかにも、仕事の関係で二年間暮らした広島では、中山間《ちゅうさんかん》地域にある部落の解放子ども会のキャンプや、在野の研究者の皆さんによる部落問題学習会に参加させてもらった。

福岡県田川市の筑豊地区の部落を訪ねたのは、旗野さんから上野英信[*6]さんの炭鉱労働者の記録文学を勧められ、関心を持ったからである。

大学三回生の夏に訪れた鳥取の山間の部落では、地区学習会などの貴重な取り組みを知り、感動したものだ。

そして、香川県の本島は私にとってかけがえのない第二のふるさととなり、いつ訪ねても瀬戸内海のとれたての魚と、缶ビールで迎えてくれる家族のような人たちがいる。

これまでの出会いの数々は、ここでは書ききれないほどである。部落問題研究会というサーク

＊6 **上野英信**…一九二三―一九八七年。記録文学作家。『追われゆく坑夫たち』（一九六〇）、『地の底の笑い話』（一九六七）など、炭鉱労働者としての生活体験記録を手がける。

ルの仲間で訪ねる機会が多かったが、どこを訪ねても「よく来たね」とその土地のごちそうを私たちに振る舞ってくださった。そこにある皆さんの思いと向きあうことが、部落問題を考えることにほかならなかった。

このように広がるつながりは、お互いに力を与え合える人間関係となり、なにかあれば（たとえば、差別を受けたら）きっと力になってくれるという安心感を私に与えてくれた。これまでに私に出会いをもたらしてくれた人たち・出会えた人たちに心から感謝するとともに、日本はもちろん、世界の各地に部落問題と向きあっている人たちがいるというネットワークの広がりに驚くばかりだ。そのネットワークのなかに身を置き、安心して新しいこと・少し勇気のいることにもチャレンジできた。

●……対岸の肖像〜BURAKUとのかけ橋

二〇〇七年秋にオファーを受けた人権習慣巡回写真展「対岸の肖像〜BURAKUとのかけ橋」への出演も、勇気のいることであったのは確かである。部落にルーツを持つ一三人と一組の被写体のひとりとして、顔と名前と職業を明かし、ポートレートとともに自分の思いをつづる文章を添えての写真展で、初回の展示から一年半を過ぎる現在も全国各地を巡回している。この写真展の魅力は、どこかにいるけれど自分には見えない人びと、差別されているらしい（あるいは、されていたらしい）人びとという抽象的な「部落出身者」ではなく、すぐ隣にいる（かもしれない）具体的なひとりとして、部落出身者が現れるところにある。

写真展関連のトーク企画にも何回か参加させてもらったが、自分が語れば、相手も語り始め、遠慮なくお互いの思いを出し合える、そんな場があちこちで生まれた。とても心地良かった。とりわけ、若い人たちのなかには、部落出身者であってもなくても、この社会のなかで問題意識や生きづらさを抱えつつも、自分はどう生きるのかという問いに真剣に向きあっている人たちが多く、みんなそれぞれにがんばっているんだなぁと、ここにも仲間がいることを知った。

その反面、この写真展や同時期に製作されたビデオ作品に部落出身者として登場することで、晒《さら》され消費されるのではないかという不安が、ないとは言えなかった。カミングアウトする人が少ないため、良くも悪くも安易なイメージを持たれてしまうのがマイノリティである。まるで部落出身者の若者代表のようにとらえられては困るし、一面的な見方（たとえば「部落出身者だけど前向きに生きている」など）をされるのも避けたい。そのため、さまざまな媒体で自分の一部を切り取って他者の前に現れる分身がいる一方で、生身の私はできるかぎりアップ・トゥ・デイトでその時々の自分の思いを伝えていこうと思っている。つるつるではない、ざらざらとした複雑な思い。どこかすっきりしない矛盾するような感じ。かんたんに共感などできないわかりにくさ。部落出身者がこの世界で生きている、という存在のリアリティは、それらのなかにこそ現れると思う。だから、自分のルーツをめぐって逡巡《しゅんじゅん》する思いを包み隠さず、単純化せずに語りたい。同時に、相手の思いも受け止め、まるごとさらけ出して目の前にいる人と率直に語り合いたい。お互いが違う存在だからわかり合おう・わかり合いたいと願い、努力する。その過程で生まれる関係性こそが希望であり、私自身を解き放してくれる。

●……それぞれの人生・それぞれの魅力

ところで、今、私には取り組みたいことがある。ふるさとに暮らす私につながる人たちや、各地で出会った部落にルーツを持つ人たちから、それぞれの人生を聞かせてもらい、聞き書きとして残していくことである。

新潟で旗野さんが「水俣病患者だからといって裁判や運動に参加しないといけないということはない。それぞれに事情があるんだから。それぞれの事情を大事にしないとね」と教えてくれた。「それぞれの事情」で社会的・政治的運動としての解放運動にかかわらない人たちの思いも知りたい（死ぬまでに一度は両親とも語り合えたらいいのだが……）。また、この社会でさまざまなマイノリティ性を持って生きる人たちとも出会い、お互いの生きている世界を少しでも共有できたら、なんて素晴らしいのだろう。

出会えた人たちそれぞれの魅力を発見し、多様な生き方を知ることは実に面白く、私だってこの世界で自由に生きてやろうというエネルギーが湧いてくる。

インタビュー……二〇〇九年六月

違和感からライフワークへ

東京で、部落解放運動に熱心な親のもとに育った上川多実さんは、周囲との違和感を描いたドキュメンタリー映画『ふつうの家』を二〇〇〇年に製作・発表する。なぜ、映画を撮ったのか、また、その後の生活や部落問題に対する思いを聞いた。（編集部）

上川多実……一九八〇年生まれ

◉……部落問題との出合い

――部落問題を知ったのはいつですか。

いつなのか、あまり覚えていないんです。私のお父さん、お母さんは私が生まれる前から、部落解放運動をやっていました。お父さんは、部落解放同盟[*1]足立支部（足立支部）の専従で、お母さんは部落解放同盟東京都連合会（東京都連）の建物の一階にある解放書店で働いていましたが、私が小学生のときにお父さんが東京都連の専従になったため、お母さんが足立支部の専従になり、両方とも運動の専従となりました。

足立支部には子ども会があって、小学校に入るとそこに行けるのですが、お母さんが子ども会の指導員をやっていたため、もっと小さい頃から子ども会に連れていかれ、それが当たり前とい

＊1　部落解放同盟……全国水平社、部落解放全国委員会の後身。一九五五年、部落解放委員会は組織名称を「部落解放同盟」に改めた。二〇一一年の綱領では、「部落民とすべての人びとを部落差別から完全に解放し、もって人権確立社会の実現を目的とする」大衆運動団体であると規定されている。

う感じでした。私には姉と妹がいるのですが、三人ともみんなそんな感じで子ども会に行っていました。

そんな環境で育ったからなのか、部落というのは小さい頃から知っていましたし、いつ知ったのか、それも覚えていません。

――子ども会ではどんな活動をしていたのですか。

部落がどうこうという活動はあまりなくて、みんなで公園で遊んだり、おやつを食べるといった感じです。毎週土曜日の放課後に行われていました。

ほかの区ではどうかわかりませんが、足立区にはここが部落だとはっきりわかるようなところはほとんどありません。子ども会は足立支部が運営しているのですが、部落の子どもだから来て

かみかわ たみ さん

いるのではなく、部落解放運動をやっている人の子どもが来ているという状況でした。だから子ども会に来ていた子で、同じ学校の子はほとんどいませんでしたし、同時期に同じ学校に行っていたのは、私たち三姉妹だけでした。そのため、部落差別というものがあり、自分たちはその当事者なんだということは知っていましたが、部落が地域を表しているというのは、中学生ぐらいで初めて知りました。

中学生も子ども会があって行っていたのですが、私たちが中学生の頃は、解放運動をする人もだんだん減ってきていた時期で、参加者はほとんどいませんでした。でも、行きたくないともいえずに、義務として行っているという感じでした。

——子ども会のなかで部落問題について話すことはありましたか。

そういうのはほとんどないですね。広島や長崎や沖縄を旅行して、現地の資料館に行ったり戦争の話を聞くというのはありましたが、集まって部落問題についてしゃべるというのはありませんでした。

——小学校で部落問題が話題になったことはありますか。

あまりないですね。でもよく覚えているのは、小学校三年のとき、「昨日の夜、お母さんがいなくって……」と友だちに言ったのですが、「なんで？」と聞かれて答えに困ったことがありました。解放同盟の集会に行っていたのですが、友だちに集会って言ってもわからないだろうし、うちの状況をどう説明したらいいんだろうって。それで、「集会っていうのがあって……」と、わからないだろうなと思いながらも説明をした記憶があります。

——上川さん自身は、集会でどんなことをやっていたのかご存じでしたか。

両親とも集会に行くので、小さい頃はいっしょに集会に連れていかれましたから、具体的な内容はわかりませんが、部落のことでみんな集まっているんだ、くらいはわかっていました。

●……周囲との違和感

――小学校三年で、ほかの家とは状況が少しちがうというのはわかっていたということですが、それでも活動をしていたのはなぜですか。

活動といっても、ただ子ども会に行っていただけです。

私は、読書感想文を人権や戦争の本で書くと、先生はいい点をくれるし、親も喜ぶっていうのをわかっているズル賢い子だったんです。そういう感想文を書くと、いつもクラスの代表に選ばれました。一度、そうではない本の感想文を書いたら落ちたので、それからはそれを私の武器みたいにしていました。だから、自分の家がほかの家とは少しちがうと感じ始めたのと同時に、それを利用するようになりました。

感想文に書いていることは、別にウソまでついて書いているわけではないのですが、親や先生が喜んでくれることが嬉《うれ》しかったので、自然にそういう流れになったのだと思います。だから子ども会に行くのも、親が喜ぶからという理由でしたし、逆にそれが自分を苦しめていくことになりました。小学生はそれでいけても、中学生ぐらいになってくると、違和感が大きくなってきたのです。

中学校に入ると社会で歴史の授業が始まります。東京に同和教育がある学校は数えるほどしかなくて、授業に部落のことが出てくるのは、江戸時代の身分制度についてのときだけです。そのときに先生が、身分制度があったと教えるだけなのか、現在の部落問題についてもふれてくれるのかが、解放運動をやっている家の子どもたちにとっては重要な問題でした。

もし、現在の部落問題についてちゃんと説明してくれなかったら、先生にがんばって掛け合わなければならないというプレッシャーがありました。親からそんなことをしろと直接は言われませんでしたが、「だれだれは、ちゃんと説明してって先生に掛け合ったらしいわよ」という会話が、私たちによく聞こえてきました。だから、親が私に期待しているというのがわかりました。

そのうち、自分が背負っているものって何なんだろうと、思春期というのもあってすごく考えるようになりました。

友だちに相談したくても、友だちは部落がなにかってこともわかりません。私も気持ちが入りすぎてうまく説明できないし、説明できたとしてもそこまででいっぱいいっぱいで、悩みを話すところまではいけないいんです。まったくなにも知らない人に部落問題を説明するのはむずかしいし、相手も中学生ですから、なかなか理解してもらうところまではいかなくて。でも私は、すごくわかってほしいと思っているから友だちに言うのですが、うまくいかず……の繰り返しで、だんだんしんどくなってきました。本当はもっと先の相談がしたいのにって。

ひとりだけ京都から転校してきた子がいて、その子だけは部落の説明をしなくても、「うちは部落で……」って言っただけで状況をわかってくれて、嬉しかったです。その子には、相談というところまではいかなかったけれど、時々話を聞いてもらったりしていました。

——きょうだいや親には相談をしなかったのですか。

きょうだいとは元々、悩み事を話し合うような関係ではなかったし、親には期待に応えなければばならないという気持ちが強くて、悩んでいることすら悟られてはいけないと思っていました。
でも、このへんの記憶があいまいなのですが、最終的に親には相談をしたのかもしれません。だから親から部落解放全国高校奨学生集会[*2]（全奨）というのがあって、そこに行ったら、同じぐらいの年の部落の子が来るよって紹介されたような記憶があります。それで、全奨に飛びついて参加したんです。

◉……全奨に参加

――それまでは、そんな集まりがあるというのを知らなかったのですか。

まったく知りませんでした。一九九六年に宮崎市で開催された全奨に初めて参加したのですが、体育館がいっぱいになるぐらい高校生がいて、部落の子がこんなにいることに驚きました。そこで、東京の部落の子と出会い、「ああ、東京に同じ年の部落の子がいたんだ」と思いました。あとで親から、「あなたたちは小さい頃に集会で会っているんだよ」って教えられたんですが、小さかったし、お互い連れられて来ていたので覚えていません。

――冠婚葬祭に集まった遠い親戚《しんせき》みたいな会話ですね（笑）。

本当にそうですね（笑）。全奨では分科会でも部落問題の話をするし、それがすっごく楽しくて！　部落の説明をするのすらたいへんで、てこずっていたのに、説明するもなにも「いっしょかい！」という感じで、立場が同じだとこんなにかんたんに話が進むのかと思って、そのことがすごく嬉しくて、それから活動にのめりこむようになりました。
宮崎での全奨のあと、東京にも同世代の部落の子がいるのだから、高校生友の会（高友）をつ

＊2　**部落解放全国高校奨学生集会**…部落解放同盟中央本部が主催する集会。一九六九年、部落解放奨学生全国集会として開催され、以降毎年行われている。一九七五年に部落解放全国奨学生集会、一九八〇年に部落解放全国高校奨学生集会、一九九八年からは部落解放全国高校生集会に改称して現在にいたる。

くろうという話になりました。五人ぐらいですが、月一回集まって話をしたりしているうちに、東京で全奨を開催するという話がきたんです。

全奨の参加人数は千人規模ですから、私たちだけではなく、関東ブロックで運営しようということで、埼玉や千葉の子も入れて準備をしました。

しかし、全奨の運営に携わるなかで、組織に入って運動することについての疑問が出てきて、結局、東京での全奨が終わった時点で、高友は解散しました。

——具体的にどんなところに疑問をもったのですか。

最初に全奨に行ったとき、ここには仲間がいると思いました。ところが、私たちが参加すると、東京者に対する疎外感をすごく感じました。みんながみんなというわけではもちろんありませんでしたが、「本当にドラマみたいな言葉を使っている」とか「東京者だぜぃ」みたいな感じで言われました。

また、話がだんだん深くなるにしたがって、東京という地域が、解放運動のなかでも特別な存在だというのがわかってきました。東京では、部落の人はそれぞれの地域にポツポツ住んでいて、ひとりで運動をするというのが当たり前だと思っていたのですが、地方にはとても大きな部落があって、部落のなかに小学校があったりします。そんななかで育った子とは全然会話が合わないし、そこでもやっぱりバカにされました。差別は嫌だということで集まっているのに、そのなかでもマジョリティのほうがマイノリティを下に見ていたので、構造的には社会といっしょだと思いました。

それとこれは、高校生同士だとまあ仕方がないのかなと思うけれど、それをけしかける大人の引率者・指導者がいるのはどうしてなのかと思いました。「発言数が多ければ勝ちだ」とか、「○○県連、○○府連には負けるな」と平気で言う指導者がいたんです。そういうのを、私たちはバカバカしいなと思いながら見ているうちに、解放運動が盛んということと意識の高さは別なんだと思ったのと、こういう大人たちが子どもに平気でこんな指導をしている姿を見て、全国の場に参加して、立場のちがいを乗り越えてわかりあえたらって思って来たけど、これじゃ到底無理だという失望感をもちました。

そのうちに、解放同盟って部落の若い子たちが、本当に自分らしく安心して暮らしていくことをバックアップするのではなく、将来、解放運動をやりますよ、組織のためにこんなことをやりますよ、という子どもを育てるためにやってるのか、と思いました。

東京で開催された全奨では、最後に東京の子たちが感想を言う場が用意されたのですが、解放同盟の担当者が先に原稿をつくっていて、これを読んでくれと渡されました。私たちが「ひどい!」と言うと、「じゃあ、君たちが組織のなかに入って変えていけばいい」みたいなことを言われて、そんなことをしておいて何でそういうことを言うのかと思いました。また、そういうふうに言われたことは何度もありました。

組織に入って変えていくのはすごくエネルギーがいることだし、がんばってみても変わるのかどうかもわかりません。そんなエネルギーを使うぐらいだったら、自分で外の人に伝えていったほうが、かんたんに広がるし、逆に組織のなかにいて、外の人に伝えるのはもっとたいへんなような気がしました。

そんなこともあり、全奨が終わった時点で、もうやってられないねという話し合いをして、高友は解散しました。でも、組織があるということ自体はたいせつなことだと思いますし、組織としてやらなければならないことがあるのもわかります。

ただ、私がやりたいことをやる場所は、そこではないと思ったので、それ以後、解放同盟の活動からは離れることになりました。

●……映画『ふつうの家』

――高校を卒業して映画の学校に行かれますが、いつから興味をもったのですか。

中学校で進路を決めるとき、解放運動をしている人の奥さんの内定が断られるという事件が、近所の工場で起きました。その糾弾会[*3]を行っていた時期と、自分の進路を選ぶ時期が重なったこともあって、私もこういうふうになるのかなと不安に思いました。だから資格をとって人手不足の仕事に就けば大丈夫だろうという安易な考えで、看護師を目指していたんです。でも、高校三年のときに、そんな気持ちで進路を選んじゃダメじゃないか、本当にやりたい仕事を探さずに、消去法で将来を選んだらダメじゃないかと思うようになりました。しかも、自分がそんなに看護師になりたいわけじゃなかったので、受験勉強もがんばれないのです。

そういうふうに考えていたときに、東京MXテレビが、人権週間に流す部落問題の啓発番組制作のため、私の家に取材に来たんです。そのときに、私は部落のことを伝えたくて、でもなかなか伝わらないと悩んでいたけれど、伝えることが仕事になることを知りました。

そこからすぐに、映像や放送といったマスコミの勉強ができる専門学校に進路変更をしたんです。専門学校に行くと映画をよく見るようになり、映画館にあったチラシのなかで映画美学校と

＊3 **糾弾会**…全国水平社の創立以来、部落解放運動が部落差別撤廃のために行ってきた手法。差別に対する抗議活動のみならず、差別者、糾弾会に参加する被差別者の人間変革を促す教育的機能も持つ。事実確認会で差別事件の事実・全体像を確認し、糾弾要綱を作成したうえで行われる。

いうのがあって、そこにドキュメンタリー・コースができることを知りました。もうその頃には、部落問題のドキュメンタリーを撮りたいと思っていたので、ドキュメンタリーだけを教えてくれるという映画美学校にすぐに入学しました。

映画美学校は『阿賀《あが》に生きる』（「第二水俣病」が起きた阿賀野川流域に住む人びとを描いたドキュメンタリー映画）の監督である佐藤真《さとうまこと》さん（一九五七－二〇〇七）が講師でした。佐藤さんから「なにを撮りたいの?」と聞かれたので、「部落問題を撮りたいんです」って答えました。実は私は、映画美学校に行く前から、『ふつうの家』の映像を撮りためていたんです。

――ドキュメンタリーを撮るにあたって、なぜ、自分の家・家族を撮ろうと思ったのですか。

ほかにもっと東京の部落問題について伝わりそうなところがあったら、自分の家でなくてもよかったし、自分の家族だからカメラを向けたわけではないんです。部落問題のドキュメンタリーっていうと、関西から西のほうのものばかりで、それとはまたちがう東京の部落問題が伝わる被写体というのは、数えるほどしか候補がなかったし、それに映画として面白くないといけないと思ったんです。啓発ビデオみたいに正しいことだけをやっても誰も見ないし、なにも感じないと思っていました。同時に、私の家みたいな部落のかたちを残しておきたいと思っていたので、私の家と家族を撮ることにしたんです。

また、『阿賀に生きる』を見て思ったのは、問題そのものは撮れないということです。阿賀野川で生活している人びとを追って、その生活の端々にチラチラと差別の問題が出てくるのが自然というか、とてもリアルだと思って、これの部落版を撮りたいなあという気持ちがありました。

だから、聞き取りなどをまとめるのではなく、人が生活しているなかの、部落問題を描きたいと思いました。

部落の人はいつも部落問題のことを考えているのではなく、忘れた頃に突然そういう問題とぶち当たる、だから怖いんだと、そういうことを表現したかったのです。

――映画の評価や、映画の反応はどうでしたか。

私は東京の部落問題を撮りたくて撮ったのに、自分の家族を撮ろうという当時の若手映像作家の流れと、時期的にぶつかっちゃったんです。それでそこにひとくくりにされて、家族内に問題があるのなら、カメラを持たずに解決すればいいじゃないかと批判されました。しかし、私のなかでは出発点が全然ちがうし、そういう批判にはものすごく違和感を覚えました。でも、こういう家があるんだってことを残しておきたかったので、別になにを言われても気にはなりませんでした。

映画が公開され、映画館やイベントでトークをしたりすると、あとで部落差別について相談されたり、話をしたいという人が来ました。彼氏が部落の人で、結婚しようと思ったが、親が反対したので別れたことがあるとか、逆に自分が部落出身だから破談になったという話が、よく耳に入ってきました。

●……映画発表後の生活

――『ふつうの家』のあとはどうしたのですか。

『ふつうの家』を撮ったあと、部落の靴職人のおじいさんの話を映画にしようと思って、撮っていたんです。でも、映画界からは、部落問題ばかり撮るのではなく、ほかのテーマでも撮りなさいという攻撃を受けました。そんななかで私は、部落問題が撮りたくてドキュメンタリーの世界に入ったのに、それが撮れないならもういいやという気持ちが積み重なってきました。

私は、部落問題を外に向けて伝えることが目的であって、映画を撮ることが目的ではなかったので、映画界から叩《たた》かれるぐらいなら、ほかの方法があると思って、今は映画からは少し距離を置いています。

それと、こういう映画に足を運んでくれる人というのは、問題意識がある人たちなんです。私が伝えたいのは問題意識もなにもない人たちであって、映画よりももっと有効な方法があるんじゃないかという思いも芽生えてきました。

今後、映画しかやれないことがあるのなら、また撮ろうと思っています。映画は撮ろうと思えばいつでも撮れるし、いいカメラも最近は安いし。

二年ほど前、大阪のテレビ局に講演を頼まれたので、映画の上映とトークのイベントに参加し、大阪の解放同盟の専従の人とトークをしました。そのときに、その専従の人に「この映画はなにを言いたいのか全然わからなかった」と言われたのですが、その理由を聞くと、自分は親と部落問題の話をしたことがないし、そんな話をしなくても地域の人が教えてくれると言いました。

そのときに、運動が強く大きな部落では、親が躍起になって教えなくても部落について教えてくれる人はほかにもいるし、知るチャンスもいくらでもあるのだろうけど、東京はそんな環境がないので、ほっておいたら本当になにも知らないまま大きくなってしまいます。だから私の親は、自分たちしか部落問題を伝えられないという気持ちが強くあって、ああいう教育をしていたのかと思うようになりました。

その後、私は部落のことをあまり知らない人と結婚して、子どもが生まれました。そうなると、子どもに部落問題を教えるのは、今度は私しかいないのです。

集会に連れていくわけでもなければ、子ども会もない本当になにもないなかで、「部落問題というのがあって、ママはあなたにそれを背負っていってほしいの」ということを、試行錯誤しながらやっていくしかないんだろうなと思ったら、自分の親よりひどいことをしてしまいそうな気がします（笑）。

●……部落問題を伝えるということ

——子どもに教えないという選択はないのですか。

ないです。ありえないです。私は今まで、部落問題をきちんと周りに知らせたくてやってきたわけで、たいせつな人にはとくにきちんと知っていてほしいと思っています。それが子どもだったりパートナーです。

パートナーは同和教育を受けたらしいのですが、いまいちピンとはきてないみたいです。ただ、結婚するときに「戦争でも部落問題でも、忘れると同じことを繰り返すから、きちんと伝えていかなければならない」と両親に言ってくれました。その気持ちの証《あかし》として、私たち家族の本籍は、私の祖母が住む部落に置いています。子どもが生まれてからは、なにも知らなければ子どもが差別を受けたときに相談にのってあげられないし、助けてあげられないというモチベーションで勉強しているという感じです。

それと、私は自分の子どもが差別をするようになってしまうことが一番恐ろしいんです。だから子どもに部落問題を伝えながら、差別する心っていうものをしっかりと考えて、自分の頭でなにが正しいのか、なにがいけないのかを判断して生きていってほしいと思っています。

それと、部落差別はロシアンルーレットみたいなもので、遭わないかもしれないけど、いつか遭ってしまうかもわかりません。そんなときのためにも、しっかり伝えていきたいのです。なにか、すごくスパルタ教育をしてしまうような気がします（笑）。

でも昔の私と同じように、そんなの嫌だったと言われたら、それは甘んじて受けますし、子どもの話は最後まで、うんうんって聞こうと思っています。

今の状況って、部落差別と闘っているというよりは、部落問題を見えなくさせようとする流れと闘っている感じですかね。今は、生活しているなかで、ママ友たちにどう伝えられるのかをずっと考えています。

在日のママ友がいるのですが、その子が「うちは在日だから、ママじゃなくてオンマって呼ばせるの」ってさらっと言ったとき、「ああやってさらっと部落問題も言えないかな、どうしたらいいのかな」と考えます。

また、友だちに伝えるときに、部落の概念などをわかっている人にはもう少しスムーズに話せるのだろうけど、本当になにも知らない人に説明するときに、「部落は差別されていて……」という説明の仕方をするのもちがうんじゃないかと思いますし、どういう伝え方をすればいいのかすごく悩みます。

今、私のやっていることというのは、たとえば今日、家に帰ったら「雑誌『部落解放』の取材を受けた」とミクシィ（ソーシャル・ネットワーキング・サービス）に書いて、そこからママ友と部落問題についての会話が広がっていったらいいなとか、そんなことです。
かんたんなことだと思うかもしれませんが、自分の足で立って自分の言葉で伝えていくことは力があると信じていますし、そういうことを継続して積み重ねていくことで、生活のなかで少しずつ部落のことを理解していってもらう、私にとっては、街頭でビラをまいたり集会に参加することよりむずかしいことでもあるし、意義のあることだと思っています。

——最後に、同じような世代の部落の人になにか言いたいことはありますか。

……わかりません。……いや、ありません。そんなの、今まで考えたこともなかったです。部落のことをどうやって外の人に伝えるのかということばかり考えてきたし、それに、部落っていう共通点だけで、いろいろな生き方をしている人に対して言えるようなことってあるんでしょうか……。

部落外の人に対して伝えたいのは、もし部落の人に会ったとしても、目の前の人が部落の人の代表ではないということです。

私が部落問題の話をしても、それはたくさんいる部落の人のなかの、たった一例であって、私の話を聞いて、部落の人はこういうふうに思っているんだとか、こういう状況だと思わないでくださいねと言っています。

私は組織に入って運動はしていないけど、今は生活のなかで部落問題とどう向かいあって、伝えていくのかということを、日々考えているという自負はあります。

——結局それは、あんなにも嫌がっていた両親の思うツボですね（笑）。

一番嫌がっていた子が、そんなことを一番しているというのは、両親からしたらシメシメと思っていますよ。だって、お父さんは自分の下着姿が出てくる映画（『ふつうの家』）を、人に貸したりするんです。あれは絶対、私の子育てが成功しましたって自慢したいんです（笑）。

——ありがとうございました。

インタビュー……二〇一〇年一一月

どこに行っても仲間がいる

宮崎懐良……一九七九年生まれ

二八歳の若さで部落解放同盟長崎県連合会の書記長に就任した宮崎懐良さん。これまでの生い立ちと、解放運動にかかわる魅力を聞いた。（編集部）

●……子ども会活動

――生まれは浦上の部落ですか。

いいえ。一九七九年に部落解放運動で浦上《うらかみ》に住宅（通称＝アパート）ができて、部落解放同盟長崎県連（県連）の初代委員長・磯本恒信《いそもとつねのぶ》さんが、当時、大学などで解放運動をしていた若者をアパートに引っ張ってきたんです。

そのなかに、当時、労働組合で磯本さんと活動していたうちの父親もいて、私が生後二カ月のときに浦上に引っ越してきました。

――いつから活動に参加したのですか。

うちはほかのムラ[*1]とはちがって、大人たちも元々ここに住んでいた人たちばかりではないので、

*1 ムラ…被差別部落のこと。多くの部落出身者は、部落のことを自称して「ムラ」と呼ぶ。

「今から仲良くならんばね」ということで、よくレクリエーションしたり、青年部づくりもゼロからやったと聞いてます。

親の世代が同じぐらいだから、その子どもの年齢も私の前後ぐらいが多く、小さいころから遊ぶのもアパートの子でしたし、地域の子ども会に参加するのも自然な流れでした。

小学生は「いものこ」子ども会、中学生は「雑草の会」というのがあって、それに自然に行っていました。いものこは一年生から六年生まで合わせると、だいたい一五人ぐらいはいましたね。

――そこではどんな活動をしていたのですか。

火曜日の四時半から六時は、学力保障といって学校の先生が交代で来て、勉強を教えてくれました。土曜日はレクリエーションをしたり、解放文化祭[*2]の準備をしたり、芋掘りや「狭山事件[*3]」

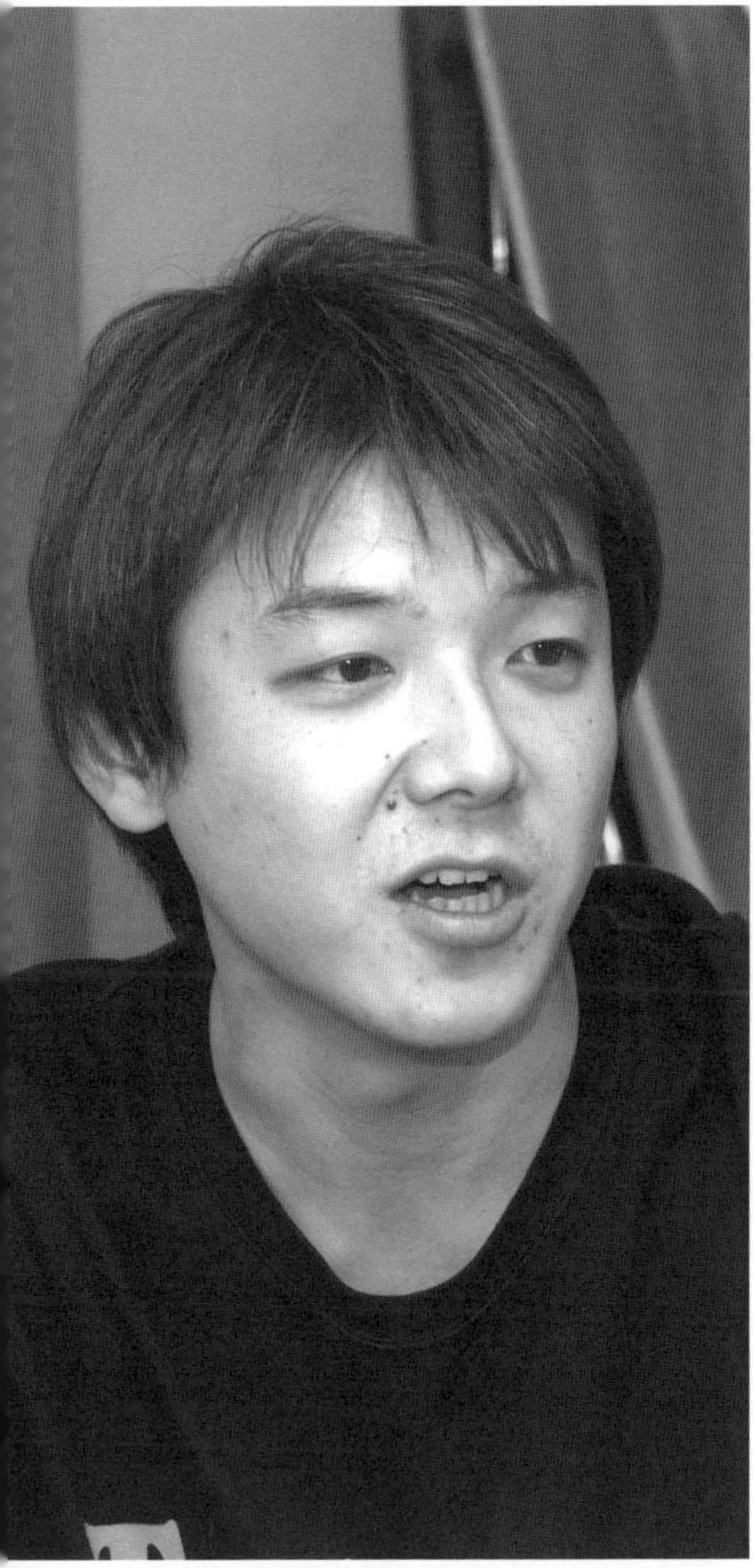

みやざき よりなが さん

の学習会をしました。

――解放文化祭では何をするのですか。

「動物村の差別裁判」という劇をしました。知りません？

「狭山事件」を動物にたとえて劇にしています。

ウサギのピョン子ちゃんが殺されて、裁判長はライオンで……。「ポン太くんはやってないよ」というセリフはよく覚えてます（笑）。

――部落問題の勉強もしましたか。

磯本委員長の生い立ちを聞いたり、差別に負けないように勉強をするとか、『クレヨンはぬすんだんじゃねえ』[*4]という本を読んだり、あと長崎だから原爆の話も聞きました。

――違和感はありませんでしたか。

ありませんでした。だって、アパートの子どもはみんな行くし、行かなかったら「なんで行かんと？」という話になりましたから。

でも、小学校に行くと、ほかの地域の子どもたちは子ども会には行っていないと聞いて、少し温度差を感じましたが、学校の子と遊ぶより、アパートの子とばかり遊んでいたので、気にはなりませんでした。

●……県外の部落との交流

――「雑草の会」は何をしていたのですか。

長崎は被爆地なので、比較的、修学旅行や研修会とかでほかの地域から交流に来ることが多

＊2 **解放文化祭**…隣保館・教育集会所など、同和地区やその周辺地域のセンターで開催される行事。センターで取り組まれてきた活動などが発表される。

＊3 **狭山事件**…一九六三年埼玉県狭山市で発生した女子高校生殺害事件。被差別部落の青年、石川一雄さんが犯人としてでっち上げられた冤罪事件として知られ、部落解放同盟は狭山差別裁判糾弾闘争として、無罪を勝ち取るための運動を行ってきた。

＊4 **『クレヨンはぬすんだんじゃねえ』**…同和教育の教材。貧しい家庭の女の子が、親に買ってもらったクレヨンを盗んできたのではないかと疑われる物語。

く、「雑草の会」の名前も交流をしていた大阪の松原の子ども会の名前からとりました。

松原との交流は、和歌山県龍神村《りゅうじんむら》（現・田辺市）で夏休みに一週間ほど、奈良県の御所《ごせ》の部落の子も合流して、合同龍神合宿という名前で行われていました。

合宿は、朝は座禅とマラソンから始まり、部落問題学習や「生活を語る」という場があって、そこでは松原や御所の子が泣きながら自分の生活や生い立ちを語っていました。みんな胸の内のつらい話をしているけれど、私は被差別の体験があるわけじゃないし、親は離婚していないし屠《と》場《じょう》で働いてもいない。でも、松原や御所の子が語ると、想いを返さなければならなくて、まだ中学一年生の夏だったので、語ることはないと言っていたのですが、最後に泣きながら「オレ、部落出身じゃなかと」という話をしました。

松原の先生たちから「よくがんばって言ったね」と褒《ほ》めてもらった記憶はあります。「お前の姉ちゃんは二年目だったけど、お前は一年目でよく言った」と（笑）。

そしたら、同じ年の子たちから「出身かどうか、別に関係ない。差別する人間はするやろうし、部落差別を受ければ、オレとお前、何も変わらん」って言われてスッキリしました。

のちに県連で働くことになるのですが、このことがあったから抵抗なく入ることができたのかもしれません。

長崎では立場宣言[*5]はしていなかったのですが、この合宿を通じて浦上のS兄ちゃんが、「松原の子は、学校で立場宣言したり、親が屠場で働いていることをみんなに言っている。オレも立場宣言をする」という話になりました。

それで浦上に帰って、お兄ちゃん、お姉ちゃんや学校の先生たちがみんな集まって、毎週、夜

＊5 立場宣言…同和教育の実践のなかで、被差別の立場に置かれている子どもたちがみずからの立場を宣言すること。宣言などを通して生いたちやしんどいことなど、何でも話し合える反差別の仲間集団づくりがめざされてきた。

の一二時ぐらいまで、立場宣言をするのかしないのか、一人だけにさせてもいいのかどうか、という議論をしました。

私は一番年下の小学生だったから、「帰っていいよ」と言われたので帰ろうとすると、K兄ちゃんから「こがん大事な話ばしよるときに、帰らせん」って怒られました。

当時のことはよく覚えていて、私はずっと反対で、言わないほうがいいという立場でした。S兄ちゃんたちが中学校を卒業したあと、はたしてどうなるのかなと思ったからです。

――結局、どうしたのですか。

S兄ちゃんが、全校生徒のまえで立場宣言をしました。

――したあとは？

立場宣言した兄ちゃんを一人にさせるわけにはいかないということで、部落研[*6]（部落解放研究会）ができました。

――部落研には入ったのですか。

入りました。そして三年生のとき、私が会長をやりました。部員は最終的には二〇人ぐらいになりました。

部落研では、中学三年生の最後の合宿で、立場宣言をするかしないかの選択をしなければなりません。

――部落研に入っている一般地域の子は、だれが部落出身なのか知らないのですか。

まったく知りません。浦上の子は自覚して入っているのですが、学年に一人か二人しかいないし、たぶん、つくるときにわからないようにしようという配慮があったと思います。

＊6 **部落研**…中学・高校・大学で、部落問題を中心とした差別問題に取り組む生徒・学生の自主活動を進める組織。解放研とも略される。

ミノル（長門実　66頁参照）が、一年生の三学期に名古屋から転校（帰ってきた）してきて、私たちの学年の浦上の子は、Nさんとミノルと私の三人になりました。

しかし、三年の部落研合宿は、Nさんが欠席しました。それでミノルが「立場宣言をしよう」と言ってきたのですが、私は子ども会のころからNさんと二人で活動してきたので、Nさんのいないところで立場宣言することにすごく抵抗があって、反対しました。「三人そろってだったらいいよ」と言った記憶があります。

でも、ミノルが部落研合宿で立場宣言をしたので、一人だけにさせるわけにはいかないと思い、泣きながら立場宣言をしました。複数の人のまえで立場宣言をしたのは、そのときが初めてです。合宿から帰ってきて、Nさんに立場宣言をしたことと、そのいきさつを説明すると、受け入れてくれました。Nさんも同じところから通っているので、説明しなければならないと思ったからです。

――立場宣言をしたあとの、みんなの反応はどうでしたか。

言ってスッキリはしたし、関係が変わったわけではないです。ただ、その場の記憶は残っていません。立場宣言をすることに精いっぱいだったので、「一緒にがんばろう」という子がいたかもしれませんが、それを聞いて受けとめる余裕はまったくありませんでした。

◉……解放運動とのかかわり

――浦上の子やきょうだいと部落問題を話すことはありますか。

ひとつ年上にDくんという子がいて、しょっちゅう遊んでいました。このDくんの親が解放運動に熱心で、Dくんも「解放新聞[*7]」や雑誌『部落解放[*8]』を読んで勉強をしていました。だから、部落問題や解放運動に関する素朴な疑問は、Dくんに聞いたらなんでも教えてくれました。

私が「天皇陛下」と言うと、

「別に『陛下』と言わんでいいと」

「なんで?」

「そんなすごか人じゃなかと」という感じで(笑)。

ミノルとは立場宣言のことで、しょっちゅう話をしましたし、高校時代も家で部落問題の話をしたことが何回もあります。

私には姉ちゃんがいるのですが、姉ちゃんとはあまり部落問題の話をしません。

姉ちゃんの学年は、出身者が姉ちゃんひとりなので、私とミノルが話しているのを聞いて、「自分もそういう話ばしたかった……」と漏らしていたことがあります。

――高校では同和教育を受けたのですか。

私立の高校に行ったので、同和教育はありませんでした。高校時代は主に県連で活動していました。

一度、部落解放全国高校生集会に行くため、生徒手帳に補習を休ませてくださいと書いて担任の先生に出したら、「がんばってください」と言われたので、担任の先生は、私の立場を知っていたのかもしれません。

――高校を卒業後は、どうされたのですか。

高校を卒業したあとは、とりあえず実家を出たかったので、福岡の大学へ行きました。親にあ

＊7 解放新聞…解放新聞社が発行している新聞。部落解放同盟の機関紙。一九四六年に結成された部落解放全国委員会の機関紙として一九四七年四月一日に創刊された。

＊8 雑誌『部落解放』…一九六八年に大阪部落解放研究所の機関誌として創刊された雑誌。一九七五年に解放出版社が設立されたことにより、一九七六年四月(四八号)以降は解放出版社から発行されている。本特集も『部落解放』に掲載されたものである。

まり負担がかからないよう、夜間の大学へ行き、昼間はバイトをしました。まだ解放奨学金[*9]もありましたしね。

でも、夏休みのたびに、長崎県連にバイトで呼び出されたので、夏休みはバイトを辞めて浦上に帰りました。

大学一回生の夏に、長崎で部落解放全国青年集会[*10]（全青）が開かれたのですが、初参加で全青の司会をさせられました（笑）。

その長崎での全青のとき、徳島の子が、部落解放同盟福岡市協で活動していることを知り、その子に誘われるかたちで、大学時代は福岡市協の青年部で活動しました。ほかにも長崎から一緒の大学に行った友だちが、私の立場を知っていて、その子もふくめ三人で支部の青年部に行くようになりました。

福岡では青年部活動をしたり、車で福岡のあちこちの部落を紹介してもらいました。

そのうちに、福岡のいろいろな支部から、子どもに勉強を教えてほしいとお願いされ、子どもは嫌いではないし、いくつかの支部を転々と回って活動しました。ごはんも食べさせてもらえるしね（笑）。

大学卒業後は、地元の長崎県連に帰ってこいと説得されて、県連で働くことになりました。

――ほかにやりたいことはなかったのですか。

学生時代に解放運動を通じていろいろな人と出会えてよかったと思ったし、そのときの話の流れもあったと思います。

でもうちの母親は、今でも時々「せっかく大学まで行ったのに、なんで県連で働くとね」とぼ

＊9　解放奨学金…→「奨学生友の会」（15頁）参照。

＊10　部落解放全国青年集会…部落解放同盟中央本部が主催する集会。一九五七年から毎年開催されており、青年の交流の場となっている。

やきます（笑）。

——二〇代で県連の書記長[*11]になったのですね。

今ではめずらしいのかもしれませんが、うちの委員長が書記長をしたのが二六歳ですから。その委員長に、県外で何か用事があるときは、だいたい連れて行ってもらいました。お酒が好きな人が多いから、焼酎の水割り（お湯割り）作り要員として（笑）。そのおかげもあってか、九州ブロック[*12]の委員長・書記長の人たちにかわいがってもらっています。

県連ではあるけれど、実際には県内には浦上しか活動しているところがありません。だから、子ども会の活動も遊ぶのも、いつもアパートの子が中心だったので、本当にみんな仲がいいのが長崎の特徴だと思います。

また、県内には青年部がひとつしかなく、そのためいろいろな県の青年部と交流して活動してきました。そのつながりから、長崎があいだに入って、九州各県や他県の青年も仲良くなってきました。

全青をはじめ各集会でも、「夜はどうすると？」「交流しよう」と九州各県や大阪、兵庫、京都、愛知の人たちによく誘われます。

長崎県連は、他県の青年をつなぐ仲介的な役割もしてきたのかなと思っています。

そして書記長になってからは、年代を問わず、さまざまな知り合いが増えたことで、活動のやり方や、各地の状況などいろいろな情報を入手することができました。

私はどこに行っても、誰かと食事することができます。解放運動をやってきてよかったと思うことは、そういったことです。

＊11　**書記長**…部落解放同盟は、全国組織として中央本部、府県レベルの組織として府・県連合会、それぞれの部落単位で支部が組織されている。中央本部ならびに府県連の長は委員長、支部の長は支部長であり、書記長は活動を統括する立場である。

＊12　**ブロック**…部落解放同盟は関東・東海・近畿・中国・四国・九州の地方ごとにブロック制を採用しており、ブロック内でも交流がはかられている。

あとは、彼女ができれば言うことないのですが……（笑）。

――ありがとうございました。

インタビュー……二〇一〇年一一月

青年がとにかく集まれる場を

長門　実……一九七九年生まれ

長崎県連書記長の宮崎懐良さんと同級生の長門実さん。中学校を卒業してからの進路はちがえど、ずっと宮崎さんのとなりで長崎の解放運動を見てきた。宮崎さんが書記長になった同じ年、宮崎さんと一緒にがんばろうと県連青年部長に就任する。どんな思いをもって青年部にかかわっているのか、お話を聞いた。（編集部）

●……名古屋から浦上へ

——生まれは浦上の部落ですか。

生まれは浦上《うらかみ》です。じいちゃんが、部落解放同盟長崎支部の支部長をしていたらしいのですが、全然、知りませんでした。というのは、生まれはここなんですが、私が三歳のときに家庭の事情で名古屋に引っ越しをして、それで中学一年生の終わりごろ、浦上に帰ってきたんです。だから浦上の子ども会には参加していませんし、三歳で出ていってますから、長崎の記憶はほとんどありません。

——部落問題を知ったのはいつですか。

長崎に帰って中学校に入ってみると、同和教育というのをやっていました。それで、部落解放同盟長崎県連（県連）の事務所に呼ばれて、「同和って知っとるか?」と言われ、はじめは童話のことかなと思いました。

そしたら、部落という差別されている地域があり、その差別をなくすための運動があって、じいちゃんが支部長をやっていたと教えられました。しかし、じいちゃんからも聞かされたことがないし、お父さんやお母さんからも聞いたことのない話だったので、なんのことかさっぱりわかりませんでした。

そのころは、学校には行っていたのですが、授業を受けていない状態だったので、どんな教育をしていたのか知りません。とにかくいろいろ悪いことをしていた時期で、長崎市内のあらゆる中学校に行き、ケンカばかりして「他校制覇」にはまっていました（笑）。

ながと みのる さん

それで、夜帰ってきて、県連事務所の電気がついていていたら、誰かいるだろうと思い遊びに行きました。県連では「雑草の会」の活動をしていたのですが、そのなかに「生活を語る会」というのがありました。兄ちゃんたちや、ヨリ（宮崎懐良）が泣きながら話しているのです。

それを見て、正直、引きました。なんでこんなことを学校の先生にさせられているのか、邪魔をしてやりたくなりましたし、浦上の子はこれに疑問を持たないのかと思いました。

学校で先生が「家庭の事情を書きなさい」と紙を配り、ひとりの女の子がずっと悩んでいるのを見て、「別に書かなくてもいい」と私が紙を破ったので、先生ともめたこともあります。

中学校時代はそういうのに慣れないというか、違和感をずっと持って過ごしました。

あるとき、じいちゃんの家に行ったら、部落か何かの本がありました。私は字を読むのが苦手なので、じいちゃんにこれまでの疑問も込めて「なんでこんなことしよっと」と聞きました。

そしたら、昔は部落の人が図書館に行っただけでも逮捕されたとか、「えーっ」と思うような昔の差別事件を聞きました。それで、「今もあると?」「オレもされると?」と聞くと、今もあるし、誰かが運動をしなければつらい思いをする人が出てくると言いました。

じいちゃんは、ふだんは酒も飲まないし勝負事も大嫌いな、すごく温厚な人だったので、解放運動をしていたことに驚きました。

●……立場宣言

――中学校では部落研に入ったのですか。

はい。中学時代は荒れていて、ガラスを割ったり、バイクに乗って運動場を走ったりして、警察が何度も学校に来ました。

それを先生が怒りもせずにかばってくれて、私の班の子たちも、しつこくしつこく、朝になったらみんなで迎えに来てくれるのです。私が遅刻をすれば、当然みんなも遅刻をします。学校の先生も家によく来て、ごはんを食べに連れて行ってくれました。

その先生から、部落研というのがあるので入らないかと誘われたので、「しゃあない、入ってやるけん」という気持ちで入りました。

同じ学年には、ヨリとNさんの二人の出身者がいて、私が部落出身だと言ったら、ほかの二人もバレてしまうのですが、部落研の合宿ではあまり考えずに立場宣言をしてしまいました。

そのときは、みんなから「そんなの関係ない」という言葉が次々と返ってきたので、自分ひとりで満足していました。

でも、ヨリやNさんの気持ちを考えると、すごく勝手なことをしたなと思います。

その後、雑草の会の活動に遊び仲間を誘おうと思ったのですが、当時の担当先生に「あなたが誘うことで、ここにいるみんな、部落の子ってわかるとよ。考えてみいて」と言われ、今だったらわかるのですが、当時はデリカシーのかけらもなかったので、「くそが！」と思って、それ以後、雑草の会へは行かなくなりました。


――活動から離れたのですか。

悪さをしていた仲間に、まず理解してもらおうと思って、「部落は悲惨やったらしく、オレは部落の出身らしか」と言いました。もし、なにか変なことを言ってきたら、殴ってやろうと思っていました（笑）。

ところが、「一緒にがんばろうぜ」という意外な言葉が返ってきたので、私はすごく泣いて、向こうも泣いていました。そのあと、「もっと詳しく教えてほしい」と言われたのですが、それ以上はまったく知らなかったので、じいちゃんに聞いてみようという話になりました。

その子のお父さんも一緒に来て、じいちゃんの家で話を聞きました。

そしたら、部落というのは集落という意味もあって……とか、隠れキリシタン……とかが出てきたので、また、意味がわからず、ちょっとだけ話を聞いて遊びに行きました(笑)。

でも、そのときぐらいからですかね。自分だけではなく、相手の気持ちも考えるようになったのは。

じいちゃんとの会話で、

「なんで人を殴るとや」

「むかつくもん」

「むかついてもダメ」

「許せんもん」

「殴ってはダメ」

「その人、殴らんとわからんやろ」

「人間は十人十色。お前の考えで決め付けてしまえば、その人を受け付けなくなる」

という言葉の意味もわかったような気がします。

それからケンカもあまりしなくなりました。

また、学校の先生がなんでここまでしてくれるのかなと思いました。

私の仲間には、ほかの中学校の子もいるわけですが、悪さをすると転校させられていました。私は、そいつらよりよっぽど悪いことをしていたのに、うちの学校の先生は警察に通報しませんでした。それどころか、朝から晩まで「話をしよう」と家に来るし、ドライブやごはんを食べに連れて行ってもらいました。

それを当時は「オレにびびっているんだな」と勘違いしていたのですが、今考えると、これが同和教育だったのかと思います。

自分の子どもが生まれたり、子ども会で子どもたちにかかわるようになって、あのとき先生がしてくれたことが、「そういうことだったのか」とパズルのようにはまっていくのです。

だから今は逆に、子どもたちには、自分が言われて嬉《うれ》しかったことを言ってあげようと思いますし、それが私にできることなのかなと思っています。

――当時持っていた違和感というのはなくなりましたか。

それは解けません。無理に自分のことを語らせる必要はないと思います。しゃべれる子は一生懸命しゃべって解放運動をすればいいと思うけれど、それぞれ得意不得意や事情があるのに、それを一緒くたにしようとするのがとても嫌です。

●……中学卒業後

――中学校を卒業したあとは、どうしたのですか。

天井を貼《は》る仕事をしていたのですが、事故で腰の骨を折ってしまい、上を向けなくなったため、この仕事ができなくなって、二〇歳のときに渋々辞めました。

そのあと、リフォーム関係の会社を友だちと立ち上げ、大阪にも営業所をつくったのですが、友だちが裏切ってくれて(笑)、その仕事もできなくなりました。

——それで、どうなりましたか。

人間不信になりました(笑)。

——それは、そうでしょうね……。

恥ずかしい話ですが、荒れ狂いましたね。それで、働かずにフラフラしていたときに、兄貴の先輩がやっていた車屋さんに誘われ、そこで働くようになりました。すると、その人がすごく借金まみれになって逃亡し、会社がつぶれてしまいました。

ちょうど結婚したときだったので、どうしようもないくらい大変でしたが、今はようやく独立して車屋さんをしています。

——中学卒業後は、解放運動にはかかわっていたのですか。

部落解放全国高校奨学生集会(全奨)には参加しました。

そのころは、部落差別が今もあるわけないと思っていた時期だったので、各地の部落差別の話を聞かされて、すごく衝撃を受けました。昔の話ではない、現在進行形の話に、「ウソやろ。そんなことなかとやろ」と思いました。それを帰ってきて、友だちやヨリと「どうすればよかとやろ」という話をしました。

でも、私の致命的な欠点は、本が読めないことです。知識をつけないといけないというのはわかりますが、人から話を聞いていくうちに、なにかむかつくことが多くなりました。

部落差別をなくすという話をしなければならないのに、まず差別があるという状況にむかつくのです。

友だちに相談しても、「そげんことは（部落かどうか）、黙っとけばいい」と言われて、すごく違和感があるのだけど、どう言っていいのかわかりません。部落という言葉はテレビにも出ないし、表面にはあまり出さないけど、知っている人は知っています。

また、これまで気にならないことが気になってきました。たとえば、友だちが身体障害者をバカにしていたので、すごく腹が立って「そんなことをするな」と注意しました。すると友だちから「なんで?」と言われたので、私は「かわいそうたい」と説明したのです。でも、あとになって、なぜ「かわいそう」と言ってしまったのか、違和感が出てくるのです。

友だちはそんな私の言葉に「そうやな」と納得しているのですが、なにかちがうと悩みます。そういうのはいっぱいあって、今後の課題です。

完成された人間ではないけれど、もっと勉強しなければなりませんし、いくつになっても、人の話を聞かなければならないと思います。

――まえは、人の話を聞かなかったのですか。

いいえ、聞いてもあまり理解ができませんでした。むずかしい言葉を使われると、ほとんどわかりません。

地元の先輩もみんな上手にしゃべっているとは思いますが、なにか見下されたような気持ちになることがあります。私が一生懸命やったことに対し、「がんばったな」とかいう言葉もなくただ批判されたりすると、「お前らがやれ」と思います。

それも、口ゲンカでは絶対に勝てそうにないやつらばかりです（笑）。

最近つくづく思うのは、同じ解放運動をしているのに、わからないとか、ついていけない人がいるというのはおかしいなということです。

組織・地域が大きいところもあれば、小さいところもあり、それをどこかに合わせようとするからそんなふうになっているのだと思います。みんな一緒の方向をむいて考え方を統一してしまうと、解放運動の面白味がありません。

●……県連青年部長に

――県連の青年部長になったのですね。

青年部長になって四年になります。ヨリが県連の書記長になりましたが、同時に解放同盟中央本部青年対策部をやっていたり、子ども会をしていたり、すべてヨリまかせになっていたところがありました。

だから少しでも助けたい、ではなく一緒にやろうと思い、引き受けました。

青年部長になってまず考えたことは、とにかく集まろうということです。私がそうだったように、事務所の電気がついていたら、とりあえず寄ってバカ話をして帰るとか、むずかしいこと抜きで、今、自分ができることをしようと思います。

ヨリとは同級生だから、中学・高校時代からしょっちゅう言い合いもしましたし、今も二人のときはよくもめます。

たとえば、解放同盟の長崎県連の支部であって、そのなかの青年部活動だというのはわかりますが、活動方針や内容には納得できないこともあり、そのときは私がわかるまで言い合いをします。

失言や失敗もいっぱいしてしまうけれど、自分にウソをつきたくないですしね。

でも、最近は私が折れますよ。いつまでたっても話が平行線で終わらないですから(笑)。

人が集まらないとなにもできませんから、とにかく集まって、一年、一年、考え方が変わってもいいので、マイペースでボチボチ活動していきたいですね。

——ありがとうございました。

インタビュー……二〇一〇年一一月

下の世代の兄ちゃんになる

長崎県連の書記長と青年部長として、長崎の部落解放運動を引っ張る同級生の宮崎懐良さんと長門実さん。二人に部落解放運動に対する想いを聞いた。（編集部）

宮崎懐良……一九七九年生まれ
長門　実……一九七九年生まれ

◉……カミングアウトすること

――これからは、お二人にお話を聞かせてもらいます。先ほど、長門さんのお話のなかで、よくもめるとおっしゃっていましたが、どんなことでもめるのですか。

宮崎　今も言い合いをしますが、高校のときはよくもめましたね。私が高校へ行っているときミノルは仕事をしていて、ミノルの給料日に飲み物を買って、食材を持ち寄り二人で料理してよく話しました。もめ事の内容は解放運動に関してというより、言い方などをめぐって、長崎弁でいえば「わいのそがんとこがむかつく」と言い合いました。

――立場宣言や「雑草の会」の活動内容について、意見がちがうのかなと思いましたが。

宮崎　ミノルは中学一年生まで名古屋にいて、同和教育とか解放運動とかをまったく知らなかったから、こっちに帰ってきて感覚のちがうことはあったと思います。

長門　名古屋の中学校では、先生ができる子とできない子でわけて、露骨に身分制度を作っていました。だから私はいつも一番後ろの席でした。ひどかったね、名古屋……。

それが、浦上《うらかみ》に帰ってくるとみんな同じあつかいだったので、「なんや、ここは！」という感じでした。

宮崎　ミノルは合同龍神合宿も行っていないし、「雑草の会」ではその話もするので、おもしろくなかったというのもあると思います。

私は子ども会のときから、差別に負けないように勉強をしようと言われて育ってきて、出身者であるとかを表に出さずに勉強してきましたが、ミノルは「言っていかんば、なにも変わらん」と、わかってもらおうという気持ちが強くて、そのへんの感覚は少しちがうと思います。立場宣言をするなら、相手にわかりやすく説明しなければなりませんが、ミノルはそこを悩んだみたいです。

このあいだ、部落解放全国青年集会（全青）がありましたが、そこに参加したHちゃんは、彼氏に出身を言おうかどうかすごい悩んだと言っていました。結局、言わなかったみたいだけど、言えれば楽になるのはわかっているけど、なんと説明すればいいかわからないし、「ヨリくん、マニュアルば作って」と言われました。付き合った当初から言わなかったのは、いつまで付き合うかわからないし、それでズルズルと言うタイミングを逃したようです。

ほかにもNちゃんという子がいて、青年部の飲み会によく彼氏を連れてきていました。ところがあるとき、「言うか言わんか悩みよると」と泣き出したので、彼氏にはすでに言って参加しているとばかり思っていたので、驚きました。

長門　最近は、私もほかの子の立場をとりあえずはごまかしたりしています。中学校の友だちから、「○○ちゃんも、長門と同じところに住んどるとやろ?」と聞かれたから、「ちがう、ちがう、オレと一緒じゃないと」と……。

宮崎　言う、言わないで悩むことはあります。昔はごまかしたりよくしていました。最近は言っていかなければならないと思っていますが……。

ただ、自分たちが立場宣言をしているので、一緒のところに住んでいるのなら、その子もそうだという話になるわけです。私が県連で働いているから、八歳下の妹の結婚のときには問題になったりするのかなとも考えます。

みやざき よりなが さん

長門　ヨリの妹はまかせっきりなところがあって、兄ちゃんたちがどうにかしてくれると思っている節があるから、逆に怖いです。

宮崎　妹は付き合っている彼氏のことを私に言わないから、私も別にふれませんが、ミノルのほうが「そんな男やめろっ」と妹にアドバイスしたりして、相当心配していますね（笑）。

長門　結婚した子はいいけれど、結婚差別にあった子を、どうやったら守ってあげられるのかなと、やっぱり考えますね。

◉……結婚まで

――長門さんは結婚されていますね。ご自身の結婚のときはどうでしたか。

ながと みのる さん

長門　中学のときから付き合っている子と結婚しました。言う、言わない以前に、じいちゃんが中学校でよく講演をしていたので、彼女のお母さんが、長門という名字で部落とわかったのかもしれませんが、娘が私と付き合っているというのを知って、彼女は中学二年生のときにいきなり転校させられました。いつも夜八時に電話をすると決めていたのですが、突然、電話に出なくなって、家にもいなくなりました。一年間はまったく連絡がとれなかったのですが、お盆にお墓参りのため帰ってきたようで、彼女を見たという同級生からの情報を受けて、走って会いに行き、そのまま二人で逃げました。そしたら誘拐の疑いで、警察の手配がかかってしまい、最終的に彼女の親に電話をして、「付き合いを認めてくれんやったら、このまま逃げ続ける」と言いました。そしたら親は、「わかったけん、家に帰してくれ」ということになって、無事に戻ってきたわけです。

結婚のときもやっぱり悩みましたね。彼女のお母さんが、執拗に部落のことを気にしているので、なぜかと聞いてみたら、兄弟が解放同盟に糾弾されて行方不明になったというのです。

宮崎　それで県連で調べてみましたが、長崎にそんな糾弾は一切ありませんでした。エセ同和[*1]か、ほかの組織という可能性は残っていますが、解放同盟がそんな糾弾をしたという事実はありません。

長門　でも、お母さんは個人的に、浦上にあまり住んでほしくないみたいで。だから私がここで活動していることも話していませんし、向こうもふれません。あまり迷惑をかけてくれるなというオーラは感じますけどね（笑）。

それでも結婚できたので、もういいかなと思っています。

＊1　エセ同和…「同和の人はこわい」という意識を逆手にとって、高額の出版物などを売りつける詐欺行為。部落問題の解決をめざす団体を名乗ることが多い。

宮崎　ミノルの嫁さんは、ここの子たちとも仲がいいし、ここの雰囲気が嫌いではないようです。私が高校のときも付き合っていたので、そのころから三人でよく遊びましたし、部落解放全国高校生集会の話や、全青の話は、嫁さんが一番知っているかもしれません。彼女も全青には一回行きました。

ミノルは今は浦上に住んでいないけれど、子どもは浦上の子どもたちととても仲がいいし、よく遊んでいます。

長門　結婚して七年になり、あんなに反対していた彼女の両親が、最近、とてもかわいがってくれます。そういう人にウソをつくのが心苦しくてとてもつらいです。最近は、全青に行ったあと、資料を机の上に何気なく置いたりして、わかってもらおうという努力はしています。

また、各地へ集会や会議に行くときも、これまでは車のオークションに行くと言っていましたが、それも最近はやめました（笑）。

宮崎　じゃあ、解放新聞もカモフラージュせずに送ってもいいかな。

長門　それはやめてください（笑）。

宮崎　今は一応、ほかの袋に入れて送っているんです。

●……長崎の特徴

——長崎の特徴を教えてください。

長門　ヨリの妹は、部落問題に対してすごく恐怖感をもって真剣に考えています。でも、長崎は思った以上に部落差別がないという状況も一方にあり、周りの人が部落のことをまったく知りません。ただ、それに対し、逆に言ってしまうとどうなるのか、という不安があると思います。変に偏見を持たれないかなとか。意外に言わなければ問題ないのかもしれません。

宮崎　長崎（県連）はみんなめちゃくちゃ仲がいいので、それがまた問題になることがあります。「○○ちゃんの彼氏は、感じの悪か」とかいう会話をしたり、なんでも相談したりするので、幼馴《おさな》染《じ》みという説明をしても、親密すぎて疑問を持たれます。

長門　だから、みんな親戚《しんせき》やいとこと説明します。

宮崎　ミノルと飲みに行くと、あまりに仲がいいので、二人はどんな関係かよく聞かれます。馴染みのお店になると、店のママが「この二人は親戚よ」って説明してくれますが、それをこちらが忘れていたときは、「ああ、親戚、親戚」と思い出します（笑）。

Ｋ兄ちゃんと一緒に飲みに行く子は、みんな親戚になります。店の人に「親戚の女の子と仲よかねー」とか「正月はたいへんでしょう」とか言われるみたいです。それを横から勝手にバラすわけにはいかないので、演技がたいへんです。

長門　ただ、友だちと言うか、親戚と言うか、統一しておかないとたいへんなことになります（笑）。

――ほかの部落との交流が多いと聞きましたが、今もそうですか。

宮崎　松原との合同龍神合宿はもう終わりましたが、当時のメンバーが下の子を紹介して、うちも若い子を紹介して交流をしました。「松原の○○ちゃんが結婚したらしいよ」という、わたしよりも五つも六つも下の、松原の子の情報を知っていたりするのはすごいでしょ。

長門　県外の仲間と仲よくしておけば、新しく入ってくる下の子も参加がしやすいし、交流しやすいのかなと思います。全国に仲間がいて、損することはないでしょ。県外とのパイプを作っておけば、下の子は、するかしないかは別にして、いざ活動しようとしたときに、すごい楽だと思いますし、そういうかたちで力になれればいいなと思います。

宮崎　これが解放運動の魅力だと思います。私はたぶん、お金を持っていなくても、半年ぐらいはどこかで生きていけると思います。お腹がすいたら、松原のマサミ姉《ねえ》の家に行けば大丈夫だろうし（笑）。

●……今後の目標

――今後の長崎の解放運動について、なにかお考えですか。

長門　とにかく集まることが大事だと思います。ほかの県連と交流しようというと、よくお金がないという話になりますが、お金がなければ運動ができないのか、と思います。お金がないとか寂しいことを言わないで、「どがんかして集まろうよ」と思います。

宮崎　どこの解放同盟も、同盟員が少なくなっています。だったら、いろいろなところとつながって、人間関係を広げ、人を増やしていくことが大切だと思います。

今は九州のなかで、高校生と青年を中心とした交流会を年一回しています。一回目は鹿児島、二回目は熊本で、高校生を連れていって、キャンプをしたり大縄飛びなどのゲームをしたり、カレーを作ったりしています。

長門　これが定着してくると、下の世代がつながっていけると思います。私たちがつながりを作って集まって活動する姿を、背中で下の子に見せてあげたいですね。

――最後に、長崎の魅力を教えてください。

宮崎　仲の良さは自信を持って誇れます。上の人とも仲がいいし、みんな家族みたいな存在ですね。

近所のおばちゃんにはよく怒られますし、自分の親よりも怖い人です（笑）。

長門　長崎の魅力は、ちょうどいい小ささです。人数も少なすぎないし、みんなの顔が見え、動きやすいですしね。

宮崎　ミノルは浦上から離れて暮らしていますが、嫁さんは県連の活動の出席率が、下手したらミノルより良くて、そこに子どもを連れてくるから、子ども同士が仲良くなっていますね。誰かの親が抱っこしたり面倒を見ます。また、なにかあったときは、絶対子どもを連れて来ます。ミノルは親の相談相手の中心になっています。

一回運動を離れても、あの子に会いたいからと「旗開き」[*2]だけ来る子もいますし、毎週の子どもも会はたいへんでも、年一回のキャンプとか、そういう行事だけでも集まれるのが長崎の魅力だと思います。

長門　私は下の子をすべて弟、妹として見ています。それで「なにかあったらオレに言え、オレに言えんことがあったらヨリに言え」と言っています。私たちに兄ちゃん姉ちゃんが多かったように、子どもたちにもそういう環境を作ってあげたいと思っています。

――ありがとうございました。

＊2　旗開き…部落解放同盟など、運動団体が年始に開催する会合。

インタビュー……二〇一〇年一一月

小説は部落問題を伝えるツール

奈良の部落に生まれ育った玉田崇二さんは、現在、教科書会社に勤めながら、部落問題の小説を書き、部落解放文学賞に応募し続けている。なぜ、部落問題をテーマにした小説を書き続けているのか、お話を聞いた。（編集部）

玉田崇二……一九七八年生まれ

●……部落問題との出合い

――部落問題を知ったのはいつですか。

小学生のころに母に教えてもらいました。「うちは部落というところで、しっかり勉強しないと、ほかの子には負けるんやで」というような、かんたんな説明でした。そのときはあまり理解していなかったと思いますが、はっきりと部落の出身を自覚したのは、高校の解放奨学金を受けるときでした。

私が小学校や中学校のときは、うちの地域には部落解放同盟の支部がありませんでした。また、地域も「寝た子を起こすな」的な考え方が主流で、部落問題を教えるなという立場でした。だから、母以外から、部落について教えてもらったのは、解放奨学金の説明で、中学校の担任の先生が初めてでした。

――どう教えられたのですか。

当時の部落史の常識として、権力者が身分制度をつくり、それが今にも残っていて、差別される立場だと教えられたと記憶しています。また、現実に就職差別や結婚差別の事例を聞いて、これが母の言っていた部落問題なのかと思いました。

私は中学校から剣道をしており、剣道の強かった天理大学に行きたかったので、同じ学園の天理高校に進学しようとしたのですが、私立高校だし、シングルマザーだったので学費が心配でした。悩んでいるときに「玉田の住んでいる地域は被差別地域だから奨学金が受けられる。心配している学費面も大丈夫だから」と言われました。

――教えられて、どう思いましたか。

高校へ入ったら、とにかくしっかり勉強しないといけないと思いました。

◉……カミングアウト

――どんな高校生活を送ったのですか。

私が天理高校に入学したのは一九九四年です。その前年に、在日韓国人の学生に対する集団暴行事件が天理大学で起こり、大きく取りあげられていました。その流れなのか、天理高校は人権教育に力を入れ始めた時期で、解放奨学金を受けている子は、解放研（部落解放研究会）に顔を出すように言われました。

解放研では「狭山事件」のビラ配りをしたり、無関心が差別を見過ごすことになるという勉強をしました。

また週一回、「同和ホームルーム」というのがありました。そこでは人権学習をするのですが、その時間はみんな寝ていたり、ほかの教科の勉強をしたり、クラブ活動の準備をしていました。先生が一人でしゃべっていて、意見も何も出ません。

そのときはもう、自分が部落出身者だと自覚していたので、みんなに真剣に考えてほしいと思っていましたし、無関心が差別を見過ごすと教えられてきたけれど、無関心とはまさにこのことかと思いました。毎回、苛立《いらだ》ちと疑問が積み重なってきました。

クラスには日直係があって、当番になると日直日誌を書かなければなりません。私は日直日誌に「同和ホームルームは、みんな寝ているのが嫌で、真剣に考えてほしい」という内容のことを

たまだ しゅうじ さん

書きました。するとある日、担任に呼び出され、「まずは自分の出身を伝えてみんなに呼びかけていくしかないのではないか」、という話をされた記憶があります。

そのときは、まさか自分の出身をクラスの前で言うとは夢にも思わなくて、「絶対にできません」と断りました。その後も、同和ホームルームの雰囲気はまったく変わらず、回を重ねていました。また、あるとき先生から、「みんなの前で話すのが嫌だったら、作文に書いてみたら」と言われました。本当に隠したかったので嫌だったのですが、発表するかしないかは別にして、とりあえず書いてみることになりました。そのとき初めて、自分の出自のことを作文に書きました。

最終的には同和ホームルームで、その作文をみんなの前で読むことになりますが、そこにたどりつくまでは、家族に相談し、近しい友だち一人に自分の出身のことを言っていたので、その子にも相談したり、もう少し時間がかかりました。

祖母には、「本当に嫌やったら、無理せんでええねんで」と言われました。相談した友だちは栃木県から来た子で、同和教育を受けたことがありませんでした。今から考えると本当に無責任な発言ですが、「(立場宣言を)したらいいと思う」と言われました(笑)。でもそのときは、それがすごい力になりましたね。「うちの親は差別発言をよくする。でも、オレはずっと玉田と友だちでいるから」と言ってくれたのです。

クラスで立場宣言をして、もし仲間外れになったり差別されても、自分には剣道と、その一人の友だちがいたらそれでいいと思いました。

――作文にはどんなことを書いたのですか。

みんなに対して、いろいろと注文をつけるような内容でした(笑)。「気分を害するかもしれんけど、みんなの態度に腹が立つんや。毎週、毎週、うっとうしいかもしれんけど、僕は部落の出身で、現に僕がいるから、この時間だけは真剣にしてほしい」というような。

――みんなの反応はどうでしたか。

それでも受け止めてくれました。作文を読み終わったあと、泣いている子が何人かいて、私はなぜ泣いているのかわからずにいると、「そこまで苦しんでいたのか」とか「玉田くんの作文で初めて気づいた」という感想が出ました。自分の身近に部落の子がいたというのが驚きで、みんなショックを受けたようです。

卒業の前に、そのときのみんなの感想文を先生がくれました。それを読んで、あのとき発言をしなかった子の想いもわかり、その感想文は、今でも大切に残しています。

●……解放研の活動

――同和ホームルームの雰囲気はどうなりましたか。

それからは、いろいろな話が出るようになりました。部落問題だけでなく、障害者問題や解放研の取り組みが話題になりました。また、私が書いたような作文を、毎年、学年で発表するイベントができました。「人権作文発表会」というそのままのタイトルですが(笑)、クラスから一人代表を出して全校生徒の前で作文を読み、思いを語り合うという会です。もう、今はなくなったようですが。

――解放研には解放奨学金を受けている子が行っていたのに、誰が部落出身者か知らないのですか。

解放研があるというのは知っていたようですが、なにをやっているのかわかっておらず、解放研と部落とがつながっていなかったと思います。

私がクラスで作文を読んだり、人権作文発表会ができてから、解放研に顔を出す子が増えました。最終的には一〇人ぐらい、文化系では大きなクラブになりました。

私は最初、解放研に行くのが嫌でした。それは解放研には先輩がいて、剣道部にも先輩がいるわけですから、わずらわしいし、どちらかにしてほしいという気持ちがありました。しかし、同和ホームルームで作文を読んでからは、解放研の活動をがんばりましたね。

解放研の活動は、今までやったことのないことばかりでおもしろかったです。ホームレスの方に取材をし、文化祭に来てもらったり、天理市内には夜間中学校もあるのですが、そこではじめて識字学級[*1]を知り、解放研のメンバーで参加したりしました。

自分より圧倒的に年上の在日朝鮮人の人たちが、一生懸命がんばって勉強している姿は衝撃的でした。大先輩にあたる人たちが私たちを「先生、先生」と呼ぶことは、最後まで嫌でしたけれど。

こういう解放研の活動で、部落問題と真剣に向きあいました。

また、同じ時期に地元に解放同盟の支部ができたので、支部の活動もするようになりました。

◉……地元に支部が結成

――地元に解放同盟ができたというお話ですが、もともと同和地区指定された部落だったのですか。

そうです。同和対策事業[*2]による共同浴場もありましたが、地域改善対策事業はほとんど行われていなかったように思います。

***1 識字学級**…部落差別によって学校に通えなかった人びとは文字の読み書きができなかった。一九六〇年代以降、各地の部落では成人を対象とした識字学級が組織され、差別によって奪われた文字を奪い返す営みとして取り組まれた。

***2 同和対策事業**…部落問題の解決のために行われてきた行政による事業。狭義では、一九六九年に制定された同和対策事業特別措置法にもとづいて行われてきた事業を指す。

私の家も古くてボロボロで、雨が降ると雨漏《あまも》りはするし、だから小学生のときは友だちを家に呼ぶのが嫌で嫌で仕方ありませんでした。いつも私が友だちの家に遊びに行き、「玉田くんの家にも行きたい」と言ってきても、断っていました。とても仲良くなった子を、一度家に呼んだのですが、「玉田くんの家ボロかった」と言っていることを人づてに知り、すごくショックを受けました。

解放運動をしようという動きもありましたが、「寝た子を起こすな」的な地域でしたので、反対運動が起こったと聞いています。また、小さな地域だから、解放運動をしようとする人と反対する人が親戚《しんせき》だったりして、複雑でした。

でも、地域を変えたい、子どもたちがずっと住み続けられるような地域にしたいという想いをもった人たちがいて、一九九四年に解放同盟の支部ができました。

奈良市内で一番新しい支部で、私の母が支部長です。母は最初、支部長になるのを断ったのですが、女性の力で結成されたような支部でしたし、支部員も圧倒的に女性のほうが多かったので、最後には引き受けたようです。

行政には組織ができる前から、地区改善の要望は出していたのですが、支部ができてようやく着手されました。

今の住宅はマンションになっています。

——では、地区が変わっていく様子を見てきたわけですね。

そうですね。今の高校生ぐらいまでが、昔と今のムラを知っている最後の世代だと思います。

●……文学の道へ

――高校卒業後はどうしましたか。

天理大学に進学し、文学部に入りました。高校のときの国語の授業がおもしろかったのと、一年生の担任の先生に薦められて読んだ島崎藤村《しまざきとうそん》の小説『破戒《はかい》』に衝撃を受けていたからです。

高校一年生のときに初めて読んだのですが、有名な作家が部落問題をテーマに書いていたことにまずびっくりし、昔の話だけど今でもある図式というか、ちょうど自分が同和ホームルームで作文を読もうか悩んでいた時期だったので、おもしろいというよりショックを受けました。結末に賛否があるようですが、自分の身の回りでも起こりえる話だと思いました。

大学ではこれまでやってきた剣道をやめ、四年間は文学の道にはまりました。島崎藤村の作品をすべて読みあさり、卒論は『新生』という作品をテーマに書きました。

このまま文学の研究者になりたいという夢も正直ありましたが、母にこれ以上負担をかけたくないという気持ちも強く、また奨学金も貸与制だったので、早く収入を得たいと思いました。教員免許を持っていたので教師をめざしましたが、私のときは教員採用が超氷河期だったので、その口もありませんでした。

それで、物を書くような仕事がしたかったのでマスコミ関係の試験を受け、結果、地方紙の新聞社に就職することができました。

●……職場での部落問題

――仕事はどうでしたか。

全国紙は記者や営業といった職種で採用するのですが、私の入った新聞社は、すぐに記者になるのはまれで、総合職としての入社が一般的でした。最初の三年間は、大阪で一年と橿原《かしはら》の支社で二年、営業職として勤務しました。

営業に行った先で、お客さんから「あそこの人間は、ガラが良くないから気いつけや」とか「あそこは、あれやで……」と、そんなに頻繁《ひんぱん》ではないけれど部落に対する発言を聞くことがありました。

私は高校で部落問題学習をしっかりしてきたため、憤りがありましたが、お客さんに対して「ちょっとまってください」とか「それはどういう意味ですか」とは言えませんでした。すごく葛《かっ》藤《とう》しましたね。営業での付き合いだから「指摘したり断罪しても、しゃあないやんか」と思う自分がいる一方で、今まで「差別は許さない」と言ってきて、目の前に差別をしている人間がいるのに、何もできない自分がいる。そういうとき、苦しかったですね。

そんなことがありながら、入社二年目のとき、ちょうど水平社創立八〇周年の年でしたので、八〇周年の企画担当をやりました。「いま水平社の企画をやっているけど、じつはオレ、部落の出身やねん」と話した会社の後輩が、今の妻です。

結婚するときは、彼女の親に部落の出身であることを言いました。義父からは「反対する理由にはならないし、気にすることはない」というふうに言われました。

また、水平社創立八〇周年の企画でお世話になった水平社博物館[*3]の守安敏司《もりやすとしじ》館長との出会いは、私の人生のなかで運命的な出会いとなりました。

初対面でいきなり「お前、変な顔してるな」と言われて、「誰や、この人……」とむかっとしましたが（笑）、それから現在までお付き合いをさせてもらい、うちの支部の解放塾にも毎回来てくれて、今はうちの支部員になってくれています。

――解放塾とは何ですか。

私の一〇歳下に、勉強がすごくしんどい男の子と女の子がいました。なんとかしてやりたいなと思って、週一回、隣保館《りんぽかん》[*4]で勉強を教えるようになったのが始まりです。守安さんも勉強を教えに来てくれるようになり、定期的に行うことを提案してくれて、解放塾と名付けました。さらにその子らのきょうだいなどを呼んで、一〇年近くやっていました。今は仕事が終わるのが遅く、私はあまり行けていません。

解放塾で守安さんと、この子らは自分が部落出身と知っているのかという話をしたことがあります。教えたくないという親がたくさんいる地域なので、知らない可能性も十二分にあり、今後、どういう話ができるのか、手探りの状況です。「そんなことを教えるんやったら、行かせへん」となるのもしんどいですしね。

●……小説を書くこと

――会社に勤めながら、ずっと小説を書いて応募されているようですが、どういった小説を書いているのですか。

＊3 **水平社博物館**…水平社発祥の地である奈良県御所市柏原に一九九八年に開館した博物館。開館当初は「水平社歴史館」であったが、一九九九年に現在の名称に変更された。

＊4 **隣保館**…同和地区内の福祉の向上・人権啓発などを目的として設置されている施設。機能は同様でも、解放会館・人権文化センターなど、地域によって呼び名が異なることがある。

一番最初に小説を書いたのは一九歳のときで、ある文学賞に応募したのが始まりです。テーマは結婚差別の問題を書きました。でも、今から考えると、一般の文学賞は、あらゆるジャンルOKと書いていても、あまり部落問題で書いてこられたら困るのだと思います(笑)。最近、それに気がついて、部落問題のテーマは部落解放文学賞[*5]に応募するようにしています。

今まで部落解放文学賞最終選考に残った作品は三作です。そのうち二つは佳作でした。

ひとつは、新聞社を退職して部落解放同盟奈良市支部協議会のNPOに二年いたのですが、そのときに奈良市職員が給料をもらいながらほとんど勤務していなかった事件が発覚して、それをテーマに書きました。彼は支部協議会の幹部も務めていたので、事務所に「そちらは暴力団の事務所ですか」「そんなことをしているから、差別はなくならないんや」「あなたも部落の人？　かわいそうね、一生差別されるんやから」といった差別電話がいっぱいかかってきました。私は事務局にいたので、毎日、差別電話を受けるという体験をしました。

また、当時、協議会の事務局長をしていた私の母は執拗《しつよう》に取材を受け、隠し撮りをされたり、ひどい取材も受けました。私も一年間だけ新聞記者をやったので、彼らの取材方法を見ていたら、人権意識のかけらもないやり方をしていることはよくわかりました。

問題が落ち着いてくると、やっぱりおかしいなという気持ちがどんどん高まってきました。今まで解放同盟を叩《たた》けなかったから、この機会に攻撃したのではないかと思う報道もありましたから。

その気持ちを小説にしたのが『街煙《がいえん》』という作品です。

新聞記者である下田明は、奈良市の長期病欠職員に端を発する同和関連の不祥事に自分の母が

＊5 **部落解放文学賞**…一九七四年に創設された文学賞。差別を見据えた文学の深化と広がり、部落解放の文化活動の発展を目的とする。入選作品は雑誌『部落解放』増刊号に掲載される。

巻き込まれるのを目の当たりにします。事件の真相を分析しようとしつつも、ことごとくみずからの暴力性に振り回され、八つ当たり的な対応しかできません。そして「自己の生を見つめ直す」ために、具体的な方法を実行するというストーリーです。

当時の怒りを全部小説に注入してしまったので、あらためて読み返してみると、いたらない点はありますが、怒りのエネルギーだけで書いた作品でした。

もうひとつは、初めて立場宣言をした高校時代の話を『二つの宣言』という小説にしました。高校進学を機に、自分の生まれを自覚し始めた下田明が、クラスの無関心を変えたいという思いの解決を、自身の立場宣言に賭《か》けます。そしてクラスは変わり、彼自身の生き方もそれに引きずられるように変わっていきます。十数年後、教師となった明は、再び教え子たちの前で二回目の「宣言」をするというストーリーです。

こちらは結末が少し甘いので、もう一度手を入れようと思いましたが、実際の体験を基にしていたので、なかなか書き直しが進みませんでした。今は少し時間が経って冷静になったので、『街煙』のほうに手を入れて、もう一度応募しました。

——部落問題を小説のテーマにしているのはなぜですか。また、ノンフィクションやルポではなく、なぜ小説なのですか。

今、教科書会社に勤めているのですが、高校のときのように自分から出身を言ったりはしていません。一方的にこちらから言うと、言われたほうも困るだろうし。教科書会社では社会の教科書もあつかっていますが、部落問題の話題は出ませんし、そういう話ができる場もありません。だから、小説のなかで思いっきり部落問題を中心に書いているのかもしれませんね。

小説を書いているときは、自分を見つめたり、さまざまなことを考えたりします。だから、すごく苦しいときもありますし、まったく筆が進まないときもあります。でも、その時間が、自分を見つめ直すために必要な時間だと思っています。

また、小説を選んだ理由は、昔のことを残したいということもあります。古かった実家が、地区改善されてキレイなマンションになりましたが、どこか寂しい思いもあって、その気持ちを残したいと……。

最近、子どもが生まれました。現在は、実際に差別を受けないと、部落出身を自覚することがむずかしい時代なのかもしれません。私のきっかけになった解放奨学金も今はありません。子どもが差別をされたときに、出身を自覚するというのはすごく悲しいことです。

『破戒』を渡して読ませてもいいのですが、子どもには、自分の書いた小説で伝えていきたいのです。そういう意味で小説は、部落問題を子どもに伝えるためのツールです。

ノンフィクションやルポといった手法は、ものごとを瞬間的にとらえる方法であって、自分の思いを投影した息の長い物語にしようとすると、やはり小説という手法が自分には一番合っていると思うのです。

さらに大きな話となりますが、島崎藤村や夏目《なつめ》漱石《そうせき》などの文学は、一〇〇年を超えても残っています。『破戒』も一〇〇年以上、世代を超えて、世紀を超えて多くの人に読み継がれているのです。そんなスケールの大きな小説というジャンルに魅力を感じますし、これからも部落問題の小説を書き続けていきたいと思います。

——ありがとうございました。

インタビュー……二〇一一年五月

活動と子育てにおけるジレンマ

奈良県の部落解放同盟東之阪支部の青年部で活動している浦田舞さん。彼女の生い立ちと、若者たちが活動していくうえで、どんなことが課題になっているのか、お話を聞いた。（編集部）

浦田　舞……一九八一年生まれ

●……部落問題との出合い

――生まれたのは、奈良ですか。

いいえ、私が生まれたころは、両親は大阪に住んでいました。ですが、両親が四国へ旅行中に私が生まれたらしく、なので四国生まれってことになるんですかね（笑）。

父は大阪の一般地区の人で、母は奈良の横井という部落出身の人です。私が三歳のころに、奈良の東《ひがし》之《の》阪《さか》という部落に条件のいい家が見つかったということで、移り住みました。だから私は大阪の記憶はなく、東之阪からしかありません。

――どんな家庭で育ちましたか。

父は土木関係の自営業をしており、母は専業主婦でした。私には兄が二人いますが、上の兄とは二一歳、下の兄とは一四歳離れているので、ほぼ一人っ子のような家庭で育ちました。

父と母の結婚の際に、部落だから支障があったという話はまったく聞いていませんし、親や兄と部落問題の話をしたこともほとんどありません。母は「部落？　だからなんやねん！」とあまり気にしないような人ですしね。

今年で父は七四歳、母は七〇歳になります。父は病気がちだったので、私のなかでは、あまり働いているイメージはなく、母も持病がありましたし、そのうえ「女は外で働くものやない」という古いタイプの女性でしたので、私が小さなころから家庭は経済的に苦しかったです。いまも生活はたいへんですが、幼いころから貧しかったのであまり苦には感じていません（笑）。

地域の活動に参加することに対しては、お前がしたいのなら好きにしろという感じでした。

うらた まい さん

——部落問題を知ったのはいつですか。

東之阪に来てから、ムラの子が通う保育園に自然なかたちで行くようになり、小学校、中学校も地域の学校に行きました。一学年に一〇人ぐらいムラの子がいたので、同和教育が盛んに行われていた学校でしたし、地域の隣保館でも補充学級[*1]が行われており、それにも自然なかたちで参加しました。

また、私が四年生になるころ、地域に児童館ができて子ども会活動がはじまりました。週に隣保館で二回、児童館で三回、毎日のように学習会がありました。隣保館では学校の勉強と人権問題、児童館では部落問題の学習などをしました。その学習会のなかで、部落というところがあり、今もこういう差別があるということを教えてもらいました。地域の文化祭の出し物として、隣保館で部落問題をわかりやすく伝えるような劇も毎年やっていました。

自分が部落出身であると知ったきっかけは、ある日、補充学級で自分の住んでいるところが部落だと、学校の先生に教えてもらいました。それを聞いたとき、一瞬時間が止まるぐらいのショックを受け、すぐに家に帰って、「お母ちゃん、ここって部落なん?」と聞いたのを覚えています。母は「そやで、今ごろ知ったんか」とあっさり言いましたが(笑)。

今から思うと、口では部落差別は許せないとか言いつつも、自分が部落出身者だと知ると泣けるぐらいショックでしたから、きっと心のどこかで部落の人をかわいそうだと見下していたんだと思います。偽善者だったんですね。ただ、これから差別を受けるかも……という心配は、当時頭にはまったくなかったです。

でも、児童館や補充学級の活動のおかげで、私は部落問題に携わることができたと思っていま

＊1 **補充学級**…部落の子どもたちを対象とした学力保障のための取り組み。

す。

——どんな学校生活を送りましたか。

じつは小学校三年生のとき、今から思い返すとよく学校へ行っていたなと思うぐらい、学校でいじめにあっていました。朝、学校へ行くと、私の机だけクラスのみんなとは別のところにあったり、私の体や荷物にふれたりすると、みんな「きたなぁ」とか「○○菌」と言ってなすりつけあっていました。

親は負けん気の強い性格なので、「お前、負けてなんで帰って来るねん」と言われると思い、親にも相談しませんでした。いじめていた子に言い返すような力は、当時の私にはありませんでしたし、いじめられるままに過ごしていました。

ところがあるとき、担任の先生が、私がいじめられていることに気づいてくれたのです。学級会を開いてクラスのみんなで話をし、それからはいじめられなくなりました。いまでもその先生には感謝の気持ちでいっぱいです。

また、同じぐらいの時期に、児童館で狭山事件の石川一雄さん[*2]の勉強をしました。あまりにも衝撃的で、私も部落に住んでいるので、警察に連れて行かれるのではないかと、本当に怖く感じたのを今でも覚えています。

そんなとき、地域の先輩である児童館の職員さんから、「あかんことはあかんと言い返せる人間になれよ」と言われました。私にはいじめの体験があったので、勉強して強くなりたいと思いましたし、その言葉が今でもすごく印象に残っています。

その後、石川一雄さんに手紙を書く機会がありました。すると、「悪いことは悪いと言えるよう

＊2 石川一雄…狭山事件の犯人とされた。→「狭山事件」（58頁）参照。

に」という石川さんからのメッセージが返ってきて、さらに「よし、自分も変わろう」と思いました。

――中学を卒業してから、どうしましたか。

家が経済的に苦しいのを見ていたので、中学校を卒業してからは働くことになっていました。その反面、私は以前にアドバイスをくれた児童館で働く先輩を尊敬していたので、児童館の職員になりたいという気持ちもありました。それをその先輩に相談すると、高校に行って資格をとったほうがいいというアドバイスを受け、高校の第二次募集ギリギリになって、奈良市内にある女子校の保育士コースに行きたいと親に言いました。

ですが、働くという約束があったので、親とはだいぶもめました。先生に家に来てもらい、説得してもらった結果、最後は折れてくれましたが、私立高校だったので経済的にはとても苦しかったと思います。

しかし、保育士の資格をとるには、親にさらに負担をかけなければならないことがわかったので、結局、保育士の資格はあきらめましたが、高校には三年間通わせてもらいました。感謝の気持ちでいっぱいです。

――高校では部落問題にかかわりましたか。

高校には年一回、一年生から三年生の代表が、壇上で人権作文を発表するイベントがありました。全校では、これが一番大きな取り組みだったと思います。解放研（部落解放研究会）もありました。私が部落出身者だというのを先生は知っていて、解放研に入れと言われたのでためらいもなく入りました。ところが、解放研には先輩もいませんでしたし、部落出身者は私ひとりだったので、一年生の私が部長になっちゃいました（笑）。でも、メンバーがいなかったので、なにもできませんでしたが……。

それでも、私はそういう活動に参加するのは当たり前になっていたので、解放研が面倒くさいと思ったことはないですし、小学生から行っていた補充学級や子ども会の活動も、いやと思ったことは一度もありません。

地域の子とは高校でバラバラになりましたが、高校生学習会や、すでに青年部活動を地元でやっていたのでいつでも会えましたし、幼馴染《おさななじ》みの子たちとは、今でもつながっています。それは、こういう活動があったおかげだと思っています。

◉……結婚

――高校を卒業されてどうしましたか。

当時の私は、親にすごく反抗していたので家族とうまくいっておらず、高校三年生からは親と一緒に住んでいませんでした。高校を卒業するとすぐに家を出ましたが、ムラの周辺に住みましたので、青年部活動は続けて参加していました。

仕事は保険の営業をしており、職場で知り合った人と付き合うようになり、そしてその人と二三歳のときに結婚し、子どもが生まれました。

彼は京都に住んでいましたが、私には青年部活動があったので、奈良に来てもらいました（笑）。私は隠さないタイプなので、付き合った人には「私、部落やねん」とすぐに言うんです。出身を告げることに対する怖さはありませんし、告げて相手の態度がガラッと変わったら、逆にその考え方を変えてやろうと思います。

ですが、付き合う人よりも、実際はその人の親のほうが心配です。私の場合は、相手のお母さんに出身を告げたとき、「それがなんなん？　舞ちゃんは舞ちゃんやろ」と言ってくれ、うれしさと安心したのを覚えています。

——出身を告げる怖さがないのは、どうしてですか。

やっぱり、私のまわりにいる人の存在が大きかったと思います。先ほどお話しした、児童館の職員で青年部の先輩や、一緒に青年部活動をしている子たちに相談したり支えてくれるからです。また、私が高校生のときに、ある児童館の職員さんに「お前はひとりじゃない。ひとりでもお前のことをわかってくれる人がいるならそれでいいやん」と言ってくれた言葉……その言葉が今も私の心のなかに残っているので、自信を持って言えるのだと思います。

——これまで、部落差別の体験はありますか。

いじめは体験しましたが、部落差別に関して言えば、私はいっさい受けていません。でも、私の周りでは、部落差別を受けた人がけっこういます。

とくに忘れられないのは、私が高校生のときに、母親の弟の結婚差別を目の当たりにしたことです。結婚をして子どもが生まれた瞬間に、相手の女性が子どもをおいて出て行きました。なんでやということで、後日、その女性の親が来て、「部落の血をひいている子どもは、うちの親族にはいらない」と言ったのです。

私は、そんなことは結婚するときにわかっていたことだと思っていたので驚きましたし、私もその場にいたので、とても生々しかったです。結局、離婚して子どもはこちらが引き取りましたが、相手の女性とは連絡も取れなくなりました。まさかこんな身近で結婚差別が起こると思っていなかったので、びっくりしました。

●……子どもに伝えること

――子どもには何を伝えたいですか。

ごくごく当たり前のことですが、差別やいじめをしない子になってほしいです。そして、傷ついてひとりでいる子を助けてあげるような子になってほしいと思います。たとえば、いじめで自殺をした子の話などを聞くと、誰か本当にひとりでも、わかってあげられる人がいなかったのかなと思います。そういうのを気づいてあげられる子になってほしいですね。

ただ、部落問題については、いまは東之阪に住んでいるわけではないので、いつの段階で伝えるのかはむずかしいのですが、教えていきたいとは思います。私のときのように、補充学級や子ども会があれば、だいぶ楽なのですが……。

――教えないという選択はないのですか。

その可能性はゼロだと思います。今も支部の会議や県連の会議、子どもを連れて行ける部落解放全国青年集会などには連れて行っていますし、私自身、これからも活動を続けていくので、そんな私の姿を見て、ぜひ解放運動にかかわってほしいと思います。

――それはなぜでしょうか。

私が一生懸命してきたことを、私の代で止めたくないからでしょうか(笑)。

今の私があるのは、人とのつながりがあったからだと思います。青年部活動をしていなかったら、幼馴染みとも今は会っていないと思いますし、勉強して学べるのは、差別の問題だけでなく、人間としてなにがたいせつかがわかると思います。

そういう体験を、子どもにも味わってほしいからです。

●……青年部活動

──青年部活動での悩みはありますか。

じつは私が出産のときに、二〜三年、青年部を抜けたことがあります。次第に育児も落ち着いたので、青年部に戻れることになったのですが、なんと部員が部長ひとりという状況だったのです。また制度が変わっていて、青年が児童館を使えなくなっていました。補充学級がなくなったいま、子ども会的なことをしているのは児童館だけなんです。今までボランティアで参加していたのが急に無理となり、当然納得いくわけもなく、児童館の職員の先輩に理由を聞きました。すると返答は市の規則（残業を少なくするなど）で決まったから、なんとかしてあげたいけれどむずかしいとのことでした。

それならということで、地域に若い子がどのくらいいるのか教えてほしいと今度は隣保館にお願いをしました。ところが、プライバシーの問題があるので教えられないと断られ、活動の拠点がなくなってしまったいま、これから先どうしていったらいいのか悩んでいます。青年部活動の中心であった若い世代とのかかわりが、制度の変更によって切り離されてしまいました。

また昨年、文化祭を手伝いましたが、子どもの少なさにびっくりしました。先ほども言いましたが、補充学級はすでになくなっていたので、私たちのときにしていたような劇もありませんでしたし……。

そんな現状をあらためて目の当たりにしたので、補充学級があった世代にいた甥《おい》と姪《めい》に、私の思いを熱心に語り、青年部活動に誘いましたが、兄に大反対されました。補充学級があったときは、学校の勉強をしていたので仕方なしに行かせていたようですが……。

――お兄さんは、なぜ反対されているのでしょうか。

うちの親もそうでしたが、あまり解放運動に関心がありません。団体で集まって、なにが変わるねんと思っているようです。

また、勉強をするところというよりも、悪い遊びを覚えるところという印象があるようです（笑）。なので、うちの家族で運動しているのは、私ぐらいです。

――青年部では今、どんな活動をしていますか。

とりあえず今は、人数集めという土台づくりに力を入れています。これまで東之阪は、一学年一〇人ぐらいいましたので、支部独自の青年部活動ができていましたが、制度的に厳しくなって活動が停滞したので、今は県連レベルの活動に力を入れています。さらに昨年からは、近畿ブロックでも青年部の研修会をしたり、交流活動に力を入れるようになりました。そしてそれは、支部だけにとどまっていた私に大きな衝撃をもたらすきっかけにもなりました。

一人ひとりの意見や考え方を持っているなかでのグループ討議はおもしろく、また勉強にもなり、なによりこんなにも仲間がいることに、あらためて横のつながりの大切さが見えました。

そんななかで、もしかするとこれまでと同じような活動をしていても、今の若い世代の青年は集まらないんじゃないかとも思いました。これまで青年部では学習会をしてきましたが、それは隣保館や児童館での熱心な活動があった私たち世代だからこそ、人が集まったと思います。子どもも会などで部落問題学習を受けずに育った今の世代に、同じように学習会をしようというのは、道徳の授業を学校が終わったあとに青年部でもやろうというようなもので、苦に感じるのは当たり前だと思ったのです。だから、今は今のやり方で人数を集めなければならないと思っています。

――これからの青年には、どんな活動が必要ですか。

手ごたえを感じたのは、近畿ブロックの研修会です。人前で自分の考えをしゃべるには、それなりの知識がいりますので、学習の大切さがわかると思います。また、いろいろな人の考えを聞くというのは必要ですし、横のつながりもできるので、今年もやろうという声があがっています。また、集会や大会があるたびに、青年を集めろと言われますが、今の集会の内容では絶対に青年は集まらないと思います。

今、解放運動をしている上の人は、自分が運動をやり出したきっかけを、今の世代に当てはめて考えてほしいと思います。

以前は研修会でも、一つひとつの支部が出し物を発表していたんです。私の支部もパラパラを踊ったり劇をしたりしていました。私は一六歳で参加しましたが、はじめは分科会よりも、何日も前から集まってする練習が楽しくて参加していたようなものです。そのなかで、みんなが一丸となってなにかに取り組むというすばらしさを、そこで体感しましたし、楽しさと学べることがあったので、これまで続けて活動してこれたのだと思います。

今は集会や大会に出ても、むずかしい話を聞いて、解散でしょ。もしかすると、若い世代が集まらない原因はそこにあるかもしれないわけで、意識がなくなったわけではないと思います。

たとえば、勉強会には来ませんが、今もスポーツ交流会や飲み会を開催すると青年は集まるんです。こういったことからでも、道を広げることが大切だと思います。

また、私たちのやっていることを上に認めてもらうには、まず、名前を覚えてもらうことと、そして上の人がしてくれないから、自分たちもやらないではなく、まず自分たちががんばらないと説得力がありませんし伝わらないと思います。ですが、私より若い世代は、組織のなかでどういう対応をして動いたらいいのかわからない子が多いと感じます。なのでそこをうまくつなぐのが、むずかしいところでもあるのですが……。

もうひとつむずかしいのは、子どものいる女性です。

もし私に、県連の青年部長の話があがったら、イエスと言いたいところですが、現実には子どもがいるというのがネックになってくると思います。子どもに伝えていくために運動をしているのに、その子どもが運動のネックになるというのは、矛盾していると思いますし、結局、女性は活動できないことになってしまいますよね?

◉……女性が活動すること

——女性が活動していくうえで、感じることはありますか。

青年部には女性があまりいません。まず、女性は結婚をすると家事や育児が中心となって、家をあけることがむずかしくなってしまいます。活動に行きたいと思っても、家庭をほったらかしにしてまで行くものなのかと思ってしまうようです。また、相手との関係で、なかなか活動に行きたいと言えないのかもしれません。

私は青年部に参加するときには、子どもを連れて行きますが、まわりの人から見ると、夜に子どもを連れて遊びに行っているように思われているみたいですし、それは、母にも言われましたしね。

自分に子どもが生まれてあらためて、女性が活動に参加するたいへんさがわかりました。昔は補充学級があったので、子どもをそこに預けると女性も参加しやすかったのかもしれませんが、今は補充学級もありません。

男性が家をあけて活動をすれば、がんばっていると言われるけれど、女性が子どもをおいて家を出ることがどれほどむずかしいか……。託児などの条件があれば行きたいという声をよく聞きます。

それと私が思うのは、男性は変なプライドがあるので、正直、女性が強いほうが運動はまわるような気がします(笑)。そろそろ女性が部長になってもいいんじゃないのかなと。

私が高校生のころは、横井支部の部長が女性で、その人があまりにも恰好《かっこう》よくて、女性でもがんばれば部長ができるんだと思いましたし。

あと、私は「女やから」という言葉が一番きらいなんです。

「女のくせに口答えするな」「女はタバコを吸うな」「女は酒を飲むな」と言う男性がけっこういるんですが、それに対しては、一番苛立《いらだ》ちますね。だから、いつもケンカをしちゃいます(笑)。

また社会でいうと、以前、ある会社で正社員として働いていたんですが、ノルマをクリアしても女性は手取りが一二万円程度でした。もちろん男性の基本給のほうが上でしたし、また、上にあがればあがるほど、男女の格差が大きくなって、女性は実力があっていくらがんばっても、結局男性には勝てないという体験をしてきました。あれはかなり悔しかったですね。

――最後になにか一言ありますか。

児童館の職員をされていた、尊敬する先輩がいなかったら、私は解放運動にかかわっていなかったかもしれません。また、横井支部の女性部長にあこがれがあったから、ここまで活動してこれたとも思います。そしてなにより、一緒に支え合って活動してきた仲間がいるからこそ、今があるんです。

それと私はまだ先輩たちから受け継いできたことを、誰かに伝えきれていないと感じています。だから、とにかく次の世代の子たちに伝えられることを目標にし、後輩が活動しやすくなるためにも、私は解放運動に携わっていきたいと思います。

――ありがとうございました。

インタビュー……二〇一一年五月

祖母から母、そして私がつなぐ解放運動

副島麻友子……一九八三年生まれ

二〇一〇年一一月に千葉県で開かれた部落解放全国高校生集会で、地元アピールとして高校生たちのまえに立った副島麻友子さん。彼女が高校生たちになにを伝えたかったのか聞いた。（編集部）

◉……部落問題との出合い

――部落問題を知ったのは、いつですか。

中学校三年生のときに、高校の先生が高校受験のための勉強会を開いてくれて、合格してからその先生が、自分たちはどういう目的で勉強を教えていたのか、ということを私たちに話してくれました。そのときに、はじめて部落という言葉を知り、私が住んでいる地域が部落であると教わりました。

――その高校の先生は、進学された高校の先生ですか。

いいえ、ちがいます。そういう学習会をしたのは、私たちの世代が初めてです。おばあちゃんが、これまでお世話になった同和教育推進教員[*1]（同推）の高校の先生にお願いをしたようです。

＊1　同和教育推進教員……同和教育の推進役を果たす教員。校区に同和地区を含む学校に置かれ、同和加配教員（「加配」15頁参照）として配置されることが多かった。

私の行ける高校が学力的にないと言われたので、心配してくれたのだと思います。

おばあちゃんは部落解放運動に熱心で、千葉ではなく東京などに出て、ゼッケン[*2]を着けて最前線で運動をしていたようです。でも、地域や家に帰ってくると、子どもや孫にはいっさい部落問題の話はしませんでした。だから私は部落のことをまったく知りませんでしたし、お母さんも最初はおばあちゃんが部落解放運動をしていたことは知らなかったようです。両親が共働きだったので、いつも私たちの面倒を見てくれていた、ふつうのおばあちゃんです。

自分たちが受けたような部落差別の体験を教えると、子どもや孫が傷つくと思ったようで、子どもや孫には隠そうという意識が強く、だから同推の先生にお願いしたのも、最初は高校の受験勉強だけでした。今は受験勉強だけど、のちに部落差別の体験とかを話していけるといいねという話を、同推の先生とはしていたみたいです。

――同和教育を受けたことはありますか。

それは一度もありません。ただ、小学校でも中学校でも、教頭先生や校長先生が私のおばあちゃんのことをよく知っていて、みんなのまえで突然、私の名前を呼んで「おばあちゃんにお世話になっているよ」と話しかけられたことがあります。校長先生がなぜ私の名前を知っているのかなと思ったのと、おばあちゃんは有名人だなと思いましたが、だからといって部落のことを話したり教えてくれたことはなかったです。

――学習会では、どのように教えられましたか。

三カ月間、高校の先生に受験勉強を教わったので、その先生のお願いということだから、学習会に出席しました。すると、歴史の話にさかのぼるけど、「エタ」とか「非人」という言葉が出て

＊2 ゼッケン…「部落解放」「狭山差別裁判糾弾」など、黄色地に赤い文字が書かれたゼッケンをつけた人びとの姿は、部落解放同盟の集会でよく見られる。狭山事件の節目となる日に、解放子ども会の子どもたちがゼッケンをつけて学校に登校する「ゼッケン登校」など、狭山事件を全学的にアピールする実践が多く見られた。

きて、歴史上の出来事だけど、それは私たちの先祖にもつながってくるという話をされました。そして、この地域で生まれた私たちも、同じ部落民なんだよと言われました。

――そのときは、どんな感想をもちましたか。

ポッカーンでした（笑）。なにを言われているのか、まったくわかりませんでした。一般地区[*3]の周りの子たちと同じように育ってきたつもりでいましたし、実際にこれまで部落差別を受けたことがなかったので、部落という言葉を聞いてもピンとはきませんでした。また、今はそんな差別はないと言われたので、じゃあ、なぜないことを知る必要があるのか、差別がないのに、なぜ勉強をしなければならないのかと思いました。

そのあと、ここに生まれただけで、いじめられる側の人間だよと突然言われたような気がして、頭が真っ白になり、差別がないのではなく、差別があるから言っているんじゃないかとか、本当に混乱しました。

――学習会はどれくらいの頻度と規模なのですか。

週に一度、集会所[*4]に地域の子どもたちが声をかけられて、私の下の世代の子たちもふくめて一○人ぐらいが参加していました。

私は学校から帰ってきたら友だちと遊びたいし、休日の日はアルバイトなどに時間を使いたいのに、お母さんは学習会へ行かせようとするわけです。それに反発したときに、お母さんから自分が受けた結婚差別の話を聞きました。そしていまだに部落差別を受けている人がたくさんいるし、もし差別に遭っても強く立っていられるような人間になってほしいから、学習会に行ってほしいと言われました。

＊3　**一般地区**…同和地区・部落の対となる言葉。

＊4　**集会所**…同和対策により、同和地区の社会教育活動の充実・発展をはかるために設置された教育集会所のこと。

◉……母、祖母の差別体験

――お母さんのお話を聞かせてください。

結婚のときに相手の親から反対されたことは、これまでも聞いていましたが、私は部落が原因だとは思っていませんでした。お父さんは当時一九歳とまだ若く、厳格な家柄だったので認められず、だから駆け落ちで一緒になったという説明を受けていました。

ところがそのときのお母さんの話によると、部落の出身だということで反対されて、それでも別れないとなると、最終的には人を雇って母の帰りを待ち伏せし、脅してまで絶対に結婚を許さないと言われた、とのことでした。

そえじま まゆこ さん

——お母さんは自分が部落出身者というのをどういうきっかけで知ったのでしょうか。

お母さんの小さなころは、同和対策事業などがなかったので、明らかにこの地域だけ、ほかのところとはちがっていたと聞きました。家のたたずまいや道路も全然ちがうし、平日の昼間、普通だったら仕事をしている時間帯に、刺青《いれずみ》が入った人たちが、子どもたちの見えるところで博打《ばくち》をしていたようです。また、一般地域の大人たちは、字も書けるし本も読んでいるけど、この地域にはそういう人があまりいないなど、ほかのところとはちがうというのが、目に見えてわかったそうです。

——お母さんの体験を聞いたり、学習会を続けてどう思いましたか。

部落問題のビデオを見たり、今までまるで知らなかった知識を毎月、毎週教えられていくうちに、自分も社会に出たら就職差別に遭うのかな、結婚差別に遭うのかなという不安がすごく出てきました。一緒に部落出身というのを教わった幼馴染《おさななじ》みの男の子と、二人で何時間も不安な気持ちを語り合ったこともあります。

自分が部落に生まれてきただけで、私のすべてを否定されているのかなとか、部落を背負って生きていかなければならないのかなと思いました。また、今になって振り返ると、かつての友だちの発言は、部落のことを意味していたんだなというのがわかってきました。

たとえば、中学生のときに友だちが私の家に遊びに来て、夜に肝試しをしようということになりました。そうするとそのなかのある子が「ここは肝試しにもってこいだね」ということを言うわけです。私は、ここは田舎で街灯が少ないからだと思ったのですが、「こんなところの家は誰も買わねえからだよ」と言いました。また、それをほかの子たちが聞いて、「そんなことを言うのをやめろよ」と注意したので、私だけがポカンとして、なんでみんなかばってくれるのかなと思っていました。みんなは当時から、ここが部落というのを知っていたんだなと気づきました。

——不安な気持ちはずっと続いたのですか。

いいえ。絶望していた気持ちを変えてくれたのは、おばあちゃんでした。

おばあちゃんの親、私のひいおばあちゃんの世代は、貧しくてまったく学校に行けずに、学校に行きたいという願いを子ども（おばあちゃん）に託したようです。おばあちゃんは、貧しいながらも親の期待を背負って学校に行きましたが、当時は教師も部落差別をする時代で、日常茶飯事にクラスの子や教師からのけ者にされたようです。やっぱりそれが耐えられなくなって、部落の子はひとり、またひとりと学校に行かなくなったそうです。だからおばあちゃんは字を書けませんし、生活に必要な情報を得られないという悪循環のなかで、ちゃんとした職にも就けなかったようです。

また、部落出身だとわかると仕事がない時代だったので、みんな出身を隠して働いていたようです。おばあちゃんも自分が住んでいるところを隠していると、逆に怪しまれて、帰り道にあとをつけられ、部落に帰っていくのを確認すると、石を投げつけられたと聞きました。

私のお母さんが三、四歳のころ、おばあちゃんは結核を患い、二年半入院したそうです。そのときは離婚していたので、子どもを親戚《しんせき》に預けたのですが、親戚のおじさんが子どもを連れて病院に面会に来てくれたとき、そのおじさんを知っている人が病院内にいて、おばあちゃんが部落の人間だというのがわかりました。それからは、仲良くしていた人たちからも、「きたない」「穢《けが》らわしい」と差別を受けて、精神的に追い込まれ、まだ完全には治っていなかったのに退院したようです。

そんな話を聞いたとき、自分がされたことではないのに、涙がボロボロと止まらなくなりました。私がそんな目にあったら、負けずにがんばれたかな、生きていられたかなと思うと、どんなに心を傷つけられようが、石を投げつけられようが、一生懸命生きて私まで命をつないでくれたおばあちゃん。そんなおばあちゃんの孫に生まれたことを、絶対に恥じちゃいけないと思ったのです。むしろかっこいいというか、部落に生まれたことを恥じることは、イコール、おばあちゃんの生き様を恥じることと思えるようになって、不安はなくなりました。それに、お母さんやおばあちゃんの差別体験を聞いて、私は悔しくて許せないという怒りがわいてきて、負けたくないという気持ちのほうが強くなりました。

高校生のときに一度だけ参加した部落解放全国高校生集会（全高）も刺激になりました。私たちの地域からは、二人で参加したのですが、会場からあふれるぐらいの人の多さにびっくりしました。私たちは緊張してなにをすればいいのかわからずに、ただ座っていただけですが、泣きながら自分の思いを主張したり、差別を受けたことを発表しているのを聞いて、その熱い思いに圧倒されました。

それで千葉に帰ってきて、友だちや、参加できなかった幼馴染みにも、すごかったんだよという話をした覚えがあります。

――おばあちゃんやお母さんとは、部落問題について話すことはありますか。

よくあります。部落問題の学習会に行きだしたとき、おばあちゃんは部落の人間だとさらけだすことに反対しました。自分たちがつらい目にあったから、さらけ出すことで遭わなくてもいい差別を受けたりすることを、孫がかわいいがゆえに心配してくれたのだと思います（笑）。

でも私は、自分のことを学びたいと思って行っているんだから、それで傷つくことはないよ、大丈夫だよと言いました。おばあちゃんとお母さんは親子だから、激しくそのことについて口論をしていましたが、わたしは孫なので、そこまで言われることはありません（笑）。だけど、おばあちゃんにとって、孫に自分の体験を話すことは、すごい挑戦だったと思います。

全国同和教育研究大会[*5]（全同教大会）には、おばあちゃんとお母さんと私の三世代一緒に参加したことがあります。また、おばあちゃんと一緒に参加した大阪の全同教大会は、あがる手が絶えないほど会場から意見が出て、みんな泣きながら今まで言えなかったことを発表していました。とてもいい時間を経験できました。

◉……カミングアウトすること

――不安がなくなって、変わったことはありますか。

部落外の友だちに、私は部落で生まれたこと、そしておばあちゃんやお母さんの世代には、どんな差別があったのか話しました。自分のことをよく知ってもらいたいと思う人には、「はじめまして」と名前を言うのと同じように、部落の人間だと自分から言うように変わりました。

――カミングアウトをすることに不安はないのですか。

友だちだったり、これから付き合っていきたいと思う人に言うわけですから、大好きな人の醜い部分を見てしまいたくないという気持ちはあります。でも、自分はまちがったことをしているわけではないという思いが強いので、不安はありません。

＊5 全国同和教育研究大会…全国同和教育研究協議会の事業として年一回開催されてきた、同和教育の実践交流会。全国同和教育研究協議会は、同和教育の研究と実践を目的として一九五三年に結成された。二〇〇九年に公益社団法人全国人権教育研究協議会に改組。現在は、研究大会名も全国人権・同和教育研究大会と改称されている。

――これまで相手の反応はどうでしたか。

ほとんどが、そういう差別があること自体知りませんでした。田舎のほうに住んでいる子たちは、部落という言葉は知っていたけれど、それは集落という意味であって、部落問題については知りませんでした。

本当に大切な友だちだから、カミングアウトをすると逆にもっと学びたいとか、研究集会などにわざわざ足を運んで聞きにきてくれた人もいました。

私が二四歳で結婚したダンナも、当初、部落のことをまったく知りませんでした。私は付き合ってすぐに部落の人間だと言いましたが、ダンナは教科書のなかだけの話だと思っていたようです。

私のお父さんは、部落ということなど気にしなくていいと言ってお母さんと結婚しました。ところが、気にしないから、実際にお母さんが差別を受けていても、その事実に目を向けなかったため、お母さんは傷つきましたし、脅されるという怖い思いをしました。人の差別心は変わらないということで、お父さんは実家にはなにも言ってくれなかったのです。

だから、気にしないだけでは変わりません。私は一緒に学んで知ってもらったうえで、理解してほしいと思ったので、ダンナにはお母さんが受けた結婚差別のこと、おばあちゃんの生い立ちなどを伝えました。

そしたらダンナは、自分は部落の人間ではないけど、麻友ちゃんのためというのもあるけれど、自分自身が生きていくうえで豊かになれると言いました。今は、一緒に集会や活動に参加していますし、うちの（部落解放同盟の）支部員にも登録してくれています。

もちろん結婚をするときにも、向こうのご両親やご家族の方に、自分の出身の話をしました。そうすると向こうのお父さんは、そういう差別はあるのかもしれないけれど、おばあちゃんは仕事がないなかで一生懸命生きてきて、うちよりずっと立派だと思うと言ってくれました。本当にありがたかったです。

ダンナも荒れていた時期があって、私と同じであまり勉強は好きではなかったし、今までなにかを深く考えたりせずに、この年まで生きてきたので、ようやく中身の濃い人生になったと言ってます（笑）。

——それはよかったですよね。

でもたまに、私より熱心になりすぎて、私がついていけないぐらい、いっぱい質問をしてくるんです。それに対して、私もまだまだ無知なので、答えきれなくて……。

◉……伝えたいこと

——今は、どんな活動をしていますか。

今は、私たちが受けていた学習会もありませんし、地域の定例の活動もなくなりました。また、昔から青年部もありません。地域の同じ世代の子は、女の子は結婚すると出ていなくなり、男の子も結婚をすると、奥さんが焼きもちを妬《や》くとかで、私との連絡を許してくれないようです。だから、支部に若い世代は私しかいません。自分なりに部落問題にかかわっていきたいという思いはありますが、具体的な方法はこれからの課題です。

最近は、地元の千葉県で開かれた全高で、高校生のまえで地元アピールをしました。あんなに多くの人前で、自分のことをしゃべったのは、あとにも先にもあれだけです。

私は高校生になるときに部落問題を知って、すごく衝撃を受けました。あのころが一番いろいろなことを感じたり、不安に思ったり、でもその不安を乗り越えたり、恋愛をしたりと多感な時期だったと思います。私も全高に初めて参加して、とても大きな影響を受けましたから、私なんかでいいのかなとも思いましたが、全高だからやらせてくださいとお願いをしました。

――どんなことを話しましたか。

小学校五年生のときに、たいせつな人から手紙をもらうという学校の課題があり、私はおばあちゃんに書いてもらいました。その手紙には、幼い子どもが書いたような字で「ありがとう」とだけ書かれており、ほかのクラスメイトの手にはびっしりと書かれた手紙がありました。手紙が廊下に貼られるなか、私はおばあちゃんの手紙を友だちに見られるのが恥ずかしくてたまりませんでした。

そして、先ほどお話ししたように、高校生のときに部落問題と出合いました。はじめは好きな人と結婚できるかな、友だちの見る目が変わったらどうしようという、マイナスのイメージがありましたが、一生懸命生き抜いてきたおばあちゃんたちの生い立ちを知り、負けたくないと思ったのと同時に、小学生のときおばあちゃんを恥ずかしいと思う、その私の心が恥ずかしいと思いました。「ありがとう」の五文字に、たくさんの気持ちがあったという内容を話しました。

――高校生たちの反応はありましたか。

私は全高には一回しか行ったことがありませんし、私が参加した全高では、今回のような地元アピールなどはありませんでした。だから、どんな話をしたらいいのか、どのくらいの時間なのかということもわからなくて、また誰も教えてくれませんでした（笑）。

この場にあっている内容なのか、自分の体験を話していい場なのかもわからなかったので、発表が終わると、場違いな発表だったら恥ずかしいと思い、トイレに逃げ込みました。

そうすると、もちろんみんなではありませんが、会う人会う人が「よかった」とか「共感できました」という言葉をかけてくれて、すごくうれしかったです。

会場には、無理やり連れて来られた子や、興味がないので寝ている子もいるとは思いますが、私は部落問題を学びたくて来ている子も絶対にいると信じていたので、ほっとしました。

——なにか伝えたいことはありますか。

市役所などに行って手続きをするときに、小さい紙に名前や住所を書かなくてはなりません。それも、とても小さな枠のなかに、かならず本人が書かなければなりませんし、代筆を頼むにしても、委任状などの手続きがたいへんです。字の書けない人が、この決められたスペースのなかに名前を書くことがどれほどたいへんか、知ってほしいと思います。そういったことは、社会のいろいろな場で感じます。

また、今はいませんが子どもができたら、おばあちゃんと、お母さんと私と子どもの四世代で、全同教大会に参加するというのが私の夢です。

私が部落に生まれ育ったこと、おばあちゃん、お母さんの生き様をしっかり子どもにも伝えて、つらい時代を生き抜いてきてくれた命のリレーを教えます。その尊さのうえに、あなたがいるということを、娘にも知ってもらいたいと思います。

——娘と決まっているのですか（笑）。

あれ？　息子かもしれませんよね（笑）。

――部落のことを教えないという選択肢はないのですか。

それはありません。部落出身者、それが私だから……。

――ありがとうございました。

一〇年たって話せるように

藤田真一……一九七三年生まれ

学生時代は、自分が部落差別に遭うことはないと思っていた藤田真一さん。ところが二四歳のときに結婚差別に遭い、それから佐賀県連の青年部の活動に真剣に取り組む。これまでの生い立ちと、子どもに伝えることについて、今の悩みをうかがった。（編集部）

◉……部落問題との出合い

――佐賀で生まれたのですか。

生まれたのは神奈川県です。親父が唐津の橋本町《はしもとまち》の部落出身で、母親は地区外の人です。父親は佐賀に仕事がなかったので、神奈川県に出て車の部品をつくる工場で働いていたのですが、唐津に仕事があるということで、私が小学校三年生のときに佐賀に引っ越してきて、それで現在にいたっています。

この前ふと、親父と話したんですが、親父は自分が部落出身ということを知らなかったようです。兄弟も佐賀にいるし、ふるさとで働けるということで地元に帰ってきて、生まれたところが部落だということを知ったそうです。

――お父さんはおいくつですか。

いま六二歳です。十人兄弟の一番下で、八畳一間で育ち、小学校もほとんど行けずに家の手伝いをしていたようです。親父たちの小さいころは、地域では下駄《げた》作りや太鼓作りをしていたと言っていました。また、親父が小さいころ友だちの家に遊びに行ったら、「どこから来たの?」と聞かれたので「橋本町」と答えると、「もう帰らんね(帰りなさい)」とよく言われたそうです。いまから思うと、それが差別だったのかなと言っていました。

――藤田さんが部落問題を知ったのはいつですか。

佐賀に引っ越してくると、学校の先生が自宅に勉強を教えにきてくれました。クラスには部落出身者が自分ひとりだけで、はじめは転校してきたので学校に慣れるまでのあいだ、勉強を教えてくれているのだと思っていました。ところが、そのままズルズルと卒業するまで続きました。そのときは、部落という言葉もなにも知りませんでした。

唐津に帰ってくると、同じ年の従兄弟《いとこ》が何人かいて、その子たちに誘われるかたちで地元の学習会に参加するようになりました。たしか、月曜日と木曜日だったと思います。学校の先生が来てくれて、月曜日は学校の勉強をして、木曜日は部落問題学習みたいなことをしていた記憶があります。狭山事件で石川一雄さんは悪くないのに捕まったとか、そんな教わり方だったと思います。そして、私は部落の出身だと教わりました。それでも生まれてきたところが差別されているということには、まだ結びつかないわけですけど、徐々に意識がついてきたのかなと思います。

――小学生のときに知ったということですが、中学・高校はどのように過ごしましたか。

中学生のときも、学習会はあったのですが、自分が差別されるという意味がわかりませんでしたし、関心がありませんでした。学校では部活動もはじまりますし、サッカーをしていたのでどうしても部活動優先になって、学習会もさぼりがちになりました。

高校に入ると地元をはなれましたし、学習会はあったのですが、ほとんど集まらないという状態でした。地域から私を含め三人が同じ高校に通いましたが、「(学習会には)どうせ誰も来んよ」みたいな会話をしていました。また、遊ぶのも高校で新しくできた友だちばかりになって、地元の子ともあまり会わなくなりました。

――家や学校で部落問題の話をしたり、授業で教わったことはありますか。

家では部落問題の話をしたことも聞いたこともありませんでした。ただ、自分のためになるので、学習会にはちゃんと行きなさいと親から言われていました。従兄弟とも部落の話をしたこと

ふじた しんいち さん

がありませんし、学習会には誘われましたが、一緒に遊んで楽しかったから行っていたという感じです。

学校のなかに部落研（部落解放研究会）のような部活はありませんでしたし、授業でも部落のことを学んだ記憶はありません。友だちからは、「なんでお前たちは先生に勉強を教えてもらえると?」と言われましたが、「わからない」と答えていました。

そのときは、わざわざ部落と言わなかったら、誰もわからないし、教えるからいけないと思っていました。同級生の友だちは差別をしないから、悪い言い方ですが、年をとった人がみんな死んだら、差別も自然になくなると考えていました。

――高校の学習会も学校の先生が来ていたのですか。

小中学生のときは学校の先生でしたが、高校からは地元の青年部や女性部の人たちが担当していました。学習会では、差別に遭って自殺をした人がいるとか、いろいろな話を聞きました。そのときは「えっ!?」と思うのですが、一日たてば忘れてしまいました。

高校になるとある程度、自分が部落出身者だというのは自覚していましたが、差別されることはないという意識が強かったですし、自分には関係がないと思っていました。

また、学習会に参加したくなかったがために、地元の友だちには、オレには関係がない問題だし、部落差別にも遭わないと言いふらしていました。

――それでは、まったく学習会に行かなくなったのですか。

親が無理矢理にでも学習会に行けという感じでしたので、とりあえず行っておこうという日もありました。また、部落解放全国高校生集会（全高）が近づくと、みんな全高に行きたいがために学習会に集まりました。当時は人数が多かったので、一学年で参加できる人数がかぎられていましたし、全高は旅行気分でした。それがなかったら、集まることもほとんどなかったように思います。

私は熊本で開かれた全高に参加した記憶があります。人がいっぱいいたというのが第一印象で、それ以外の感想はとくにありません。地元でも全然勉強していないので、全高に行って話を聞いてもまったくわかりません。だから、だんだん会場にいるのがいやになって、抜け出してロビーで地元の友だちとしゃべったり、今思うと遊びに行っていたという感覚です。

――高校を卒業されてからはどうしたのですか。

就職は決まっていたのですが、支部から仕事保障[*1]の関係で家庭の可燃物収集の現業職を紹介してもらったので、そのまま市役所に就職することになりました。

私たちが高校を卒業するころは、まだバブル経済の名残があり、高校にも求人がたくさん来ましたし、就職試験に遅刻しても就職が決まった時代でした。その後、どんどん景気が悪くなっていきましたので、もし大学に行っていたら就職がなかったかもしれないという話をした記憶があります。

就職してからも、部落問題や解放運動には関心がなくて、遊びほうけていました。青年部では二カ月に一回、学習会を行っていたのですが、車の免許をとると行動範囲が広がるし、お酒を飲めるようになると、もうそっちのほうが楽しくなるわけです。

親からは、「なぜ市役所に入れたのか考えろ!」と言われたのですが、入ってしまえば辞めなくていいだろうと思い、学習会にもあまり参加しませんでした。一応、青年部に籍はおいてあった

＊1 **仕事保障**…部落・部落外の不平等をなくすための取り組み。差別によって生じた部落の貧困・不安定就労を改善させるために、就職差別をなくす取り組みとともに、現業公務員に就労させるなど、直接的に仕事を保障することによって、不平等を克服させようとする取り組みも行われてきた。

ので、学習会には行かないのですが、子ども会などの行事には青年が参加しないとなりたたないので、そういうときは顔を出しました。

そんな感じでずっと過ごしてきたのですが、二四歳のときに結婚差別に遭いました。

●……結婚差別

——その経過を詳しく教えてください。

二三歳のときに地元の先輩の結婚式に呼ばれ、そこで出会った女性とお付き合いをすることになりました。その女性は一人暮らしをしていたので、ほぼ彼女の部屋に居候《いそうろう》するようなかたちで過ごしていました。

付き合って一年後に、結婚しようという話になりましたが、私の住んでいた地域が部落ということがわかり、彼女の両親に反対されました。彼女の実家は、部落の隣町だったので、昔から部落の人からいじめられたとか、なにかあったら文句を言われたとか、部落は恐いという悪いイメージをもっていて、部落の人との結婚は絶対にダメだということでした。

向こうのお父さんは最後まで絶対に会ってはくれませんでした。お母さんが一回来られたので話をすると、もう別れてほしいということでした。

当時彼女は、そんなのは関係ないと言ってくれました。そして、二日間寝ずに親を説得してくれましたが、親子の縁を切るという条件でよければ、勝手にしなさいと言われたようです。

最終的には、彼女も親との縁を切りたくないし、結婚するならやっぱり祝福してもらいたいので、別れてほしいと……。

──誰かに相談はしましたか。

もう目の前が真っ白になるというか、なにが起きたのかもわからないという状況で、それでも絶対に親には言えないと思いました。友だちにも、これまで差別はないと言いふらしてきたので、「部落差別に遭った」なんて恥ずかしくて言えません(笑)。

彼女と別れてからは、一週間ぐらい仕事も休みました。すべてにやる気が失せたというか。でも、両親には知られたくなかったので、仕事に行ってきますと普通に家を出て、すぐに職場に「具合が悪いので休ませてください」と電話をかけて、家には帰れないので山や海に行って時間をつぶしました。

山に行ってボーッとしていると、木に目がいって、「あの枝で首をつったら終わりよね」とか、海に行けば、「このまま車ごと飛び込んだら、そっちのほうが楽なのかなあ」とか、そんなことばかり考えていました。

それで気がついたら、当時の小学校の同和教育推進の先生に電話をしていました。小学校のときに教わったわけでもなんでもない先生でした。その先生とは、私が二十歳ぐらいのときに、青年部で小学生の学習会のお手伝いをしたときに知り合って、当時、よく飲んだりしていました。その関係のなかで、この先生やったら信頼できるというのがあったと思います。別の小学校に異動されていたので、先生がいる小学校を探して電話をし、話した内容はあまり覚えていないのですが、結婚差別に遭ったということを言っていると思います。

ちょうどお昼休みに電話をかけているんです。そしたらその先生は、昼から休みをとって出てきてくれました。そして話を聞いてくれて、「向こうの親がどうしても会ってくれんなら、一緒に行って言ってあげるけん」と言ってくれました。でも、もういいよと断って、話だけ聞いてもらいました。

――その後、立ち直るきっかけはありましたか。

当時、親とはまだ一緒にご飯を食べていました。すると、親父がいきなり「お前、ここ一週間ようすがおかしかなあ」と言ってきました。「いや、別になんもない」と言っても、「お前を何十年も見てきとるで、なんかちょこっとおかしかったら、すぐにわかるけん」「あまりにもおかしかけん、なにかあったっちゃろ?」と。だいたい彼女の家に入り浸りだったのに、しっかり帰ってくること自体がおかしいと言うので、「彼女とはケンカしとったけん」と言っても信じてくれません。

それで、実は彼女と結婚しようという話になったけれど、相手の親から部落ということで反対され破談になったことを打ち明けました。すると親父が涙を流しながら、「ごめん、オレがこの町に生まれたばっかりに……」と。

私は今まで、親父の涙を見たことがありませんでした。親父の涙と予想外の言葉にショックを受けました。親父にそういう言葉を言わせてしまったというショックです。今になって思えば、それは社会が言わせた言葉なのかもしれないけれど、そのときは私が言わせたとしか思えませんでした。

親父に黙って心配をかけないようにするのが親孝行ではない、自分がしっかり勉強をして、「結婚差別に遭ったけど、向こうにちゃんと話してわかってもらったよ」と報告できるのが親にとっても幸せだろうと思いました。そしてこれまで親父が、「学習会に行け」と言っていたことが甦《よみがえ》ってきて、自分自身が情けなくなりました。
そして二度と親父に悲しい思いをさせないように、勉強することを決意しました。

——お母さんもその場にいたのですか。

はい、横にいましたが、ずっと涙を流したままで、下を向いていました。うちの母ちゃんも部落問題に関心がないわけではなく、女性部とかにはちょこちょこ参加していましたが、そこまで深い知識があるわけではないので、どう言っていいのかわからなかったと思います。

●……青年部活動

——それからは、どういう活動をされたのですか。

部落解放全国青年集会（全青）には毎年参加していましたが、これまでは旅行気分で行っていました。やっぱり勉強しなければいけないと思い、青年部の学習会に真面目に参加するようになりました。三〇歳のときに、支部の青年部長になって、三二歳のときに県連の青年部長にもなりました。

九州は九州ブロック（九ブロ）という単位でも活動をしていたので、九ブロの青年部で学習会をやっているというのを聞いて、それにも参加していくなかで、長崎県連の宮崎懐良《みやざきよりなが》くんや長門実《ながとみのる》くん、福岡県連の松本紀雄《まつもとのりお》くんたちと出会いました。

最初、一泊二日の九ブロの学習会に参加したときは、話の内容がむずかしすぎて、ついていけない状態だったので、ずっといやだなと思っていました。また、夜に交流会があって、みんなでご飯を食べに行くわけですが、入っていけなかったので交流会は欠席し、次の日の学習会に参加するということを、二、三回繰り返していました。

当時、私は三二歳で、参加者のなかでは一番年上で、自分より年下には負けたくないという気持ちはありましたが、実際には負けていますし、でもわからないことを聞くのが恥ずかしかったわけです。だから余計に、いやだなあという気持ちが強くありました。

ところが、何回か参加していくうちに、先ほどお話した三人に誘われるかたちで、飲みにいきました。最初はヨリ（宮崎懐良　56頁参照）と二人で話していたと思うのですが、そこで結婚差別に遭ったということを、小学校の先生と両親以外に初めて打ち明けました。話しているうちに、周りに人がどんどん増えてきて、みんな真剣になって考えてくれ、涙を流して聞いてくれたのです。それを見たときに、仲間っていいんだな、こういうつながりが大事なんだなと心から思いました。

それからは、もう年下だろうがわからないことを聞くようになりましたし、青年部活動にも積極的に取り組むようになりました。

今までだったら考えられないことですが、全青の分科会の司会もやりました。これは飲み会の酔った席で、ヨリがふってきたのを「別にいいよ」と答えたらしいのですが、次の日には覚えていませんでした。そんな話は覚えてないと言うと、ヨリから「ほら、そう言うと思った」と言われたので、カチンときて引き受けてしまったりと、ヨリたち年下にうまくやられてます（笑）。

初めて司会を引き受けた分科会は「国際連帯」がテーマで、私は地元の活動についていくのが一杯いっぱいなのに、「国際連帯」の司会って、もう無茶苦茶な話ですよ。まとめないといけないのに、テンパってしまって、発言が終わったこともわからずに「もう、終わったんですか？」という感じで（笑）。

――活動をしていて悩みはありますか。

こういう仲間のつながりは大切だと思いますし、それを次の世代の子たちにも味わってもらいたいという思いがありますので、今は青年部長を降りてうしろから後押しするかたちです。でも、私たちの世代は仕事保障がありましたが、今の子たちは地元に仕事がないので、若い子がどんどん減ってきているのがきついです。

今の青年部長も仕事が忙しくて、活動の日に休めなくなってきています。仕事を辞めてまで、青年部の活動に来いなんて絶対に言えませんし、この先どうなるかわからないですね。

子ども会の活動も、人数が少なくなったので、地区外の子どもも参加するというかたちに、ここ何年かはなっています。それで人数は多いのですが、私は地区外の子には学習会に参加してもらいたくなかったというのが本音です。地区外の親のなかには、塾代わりとして子ども会に参加させている方もいます。部落問題をしっかりとわかってもらったうえで、参加してもらえるのならいいのですが、なかなかそうはなっていません。また、部落問題の学習会は、子どもだけではなく親も参加してもらいたいと思っています。

逆に地区の親は、そういった問題は青年にまかせておけばいいという意識があると思います。年に一回、先生に来てもらって保護者会で部落問題の話をしていますが、そのときは地区の親も集まりが悪いです。地区の親がまず参加してもらわないと、地区外の親には絶対に言えません。

あとこれは個人的なことですが、勉強していくなかで自分も少しずつ成長していくわけで、いいこともちろんあります。ところが同時に、世間がどんどん広がることで、一段と差別が怖くなってきています。

昨年、九ブロの青年に「解放運動していることを会社にどう言うか」というアンケートをとりました。そしたら、二〇代前半の子は、堂々とこういう活動をしていますと言っているんです。若い子はすごいなって思います。

私は仕事保障で市役所に入ったため、部落から来ていることは周りの人も知っているわけです。それでも初対面の人には言えなかったり、差別されることを日増しに怖がっている自分に気づくことがあります。不安があるから集まって活動しているのだけれど、集まるだけでいいのかなとも思います。若い子たちから差別されたという話は聞かないし、結婚もしている子が多く、すんなり結婚できたのか、出身を言わずに結婚したのか、わからないところもあります。私も結婚差別を受けたとき青年部には相談しなかったので、表にあがってきていないだけではないかと悩みますね。差別を受けなかったのなら、それにこしたことはありませんが。

●……親のこと、子どものこと

――お父さんは藤田さんが青年部の活動を熱心にされるようになって、なにか言いますか。

青年部長になったという話を聞くと、「お前で大丈夫とか」と言われました。「お前の話なんか聞いて、納得する人は誰もおらんやろ」とかね(笑)。

また、出て行くことが多くなったので、「お前も忙しかなあ」って最近は体の心配をしてくれるようになりました。

でも、いまだに親子で部落問題の話をすることはありません。私のほうからも部落の話をしないし、向こうも言ってこないし、トラウマになっているのかもしれないけれど、一緒にいるときはふれたがらないです。

青年部に入って活動しだしてから聞いた話ですが、私が小さいときは、自分も勉強していないから、子どもにどう教えていいのかわからなかった。だから先生にまかせておけばよいと思ったので、ちゃんと先生のいうことは聞け、学習会には行けと、それしか言えなかったと言っていました。

——いいお父さんですね。

うるさく言われるばっかりですけどね（笑）。

——今、結婚はされているのですか。

結婚はしていました。小さな子どもが一人いますが、最近、いろいろあって離婚しました。嫁は地区外の人で、私が部落出身だというのを知っていますが、親には知らせずに結婚しました。だから青年部の集会とかがあるときは、嫁は親に出張と言ってごまかしていました。自分の親に嘘《うそ》ばかりつかせるのが、胸が痛くて、ちゃんと言おうという話を何度かしました。嫁はそんなことを気にする親ではないから大丈夫って言ってくれるものの、私はその言葉すら信用できないわけです。いままで部落問題に関しては、大丈夫じゃないことのほうが多かったので、それをまた嫁に伝えると、うちの親を信用できないのかという話になって、けっこうケンカもしましたね（笑）。

嫁の気持ちもわかりますが、私も大丈夫と言ってくれるまで信用ができないし、売り言葉に買い言葉で、そんなことをしているうちに、時間がかかりすぎて終わってしまいました……。

私が考えすぎなのかもしれないけれど、友だちとかにも理解してもらおうと思い、オレは橋本という部落で育って、解放運動をしていて、いま学習会でこういうことを学んでいると一生懸命がんばって言っても、「関係ないやん」の一言で終わる、あの冷たさはなんなのでしょうか（笑）。

ここまで言えるのに、何年かかったと思うのかと言いたくなるときもあります。

――子どもにはどう思っていますか。

子どもが生まれるときに、立ち会ったのですが、生まれてきたとき、うれしくて涙が出てきました。今でもはっきりと覚えているのは、生まれて抱きあげた瞬間「この子が部落差別にあったらどうしよう」と思って、それがもう頭から抜けなくなりました。生まれてきて、まだたった数秒でですよ。

それで今は離婚して、子どもは母親のほうの名字になりました。そうすると、情けない話ですが、このままだったら子どもは部落ということがバレないかもなと、正直思っています。こっちに来ることもほとんどありませんし、それが子どもにとって一番の幸せなのかなとも思っています。

でも、なにもわからないまま何十年と生きてきて、いきなり「オレって部落だったの？」となっても困るし、本人は知らなくても、調べられて差別されることもあるわけでしょ。だからといって、会える機会が月に一回ぐらいしかない状況で、どう教えていけるのか。毎日会ってくれれば、徐々に教えていけるけど、そうでない場合は教えないほうがいいのかな、子どもが部落に住んでいないほうがいいのかなとか、親としていろいろ考えて本当に悩みます。

――今後、なにか伝えたいことはありますか。

今こうやって結婚差別に遭ったこととかを話していますけど、実は、一〇年たってやっと話せるようになりました。そのあいだに、多くの仲間が支えてくれたからこそ、言えました。仲間って大事だよと伝えたいです。

それと、今だから言えることは、部落差別というのはあってはならないことですが、自分自身にとっては、差別に遭って、そこから学ぶことができたと思っています。当時はそんなこと考えられなかったけれど、いい経験で済ませたら絶対にダメなことなんだろうけど、あそこですんなり結婚できていたら、今も解放運動をしていたかな、仲間がたくさんいたかな、人間として成長できていたかなと思います。

自分に今できることは、差別はなくならないのかもしれないけれど、次の世代のためにも、ひとつでも差別をなくすためにがんばりたいです。それと、部落差別に遭っても、絶対にひとりではない、親、連れ合い、たくさんの仲間がいるということを、知っていてほしいです。

——ありがとうございました。

インタビュー……二〇一一年一〇月

人をたいせつに生きていきたい

滋賀県で、「フェロー」という人権サークルを立ち上げ、地域の子どもたちに勉強を教えたり人権学習をしている今村力さん。「フェロー」を立ち上げた経緯と、今後の活動について、お話を聞いた。（編集部）

今村　力……一九八四年生まれ

◉……部落問題との出合い

――生まれたのは、どちらですか。

滋賀県彦根市の広野町《こうの》（広野）です。うちの父親も広野の出身で、母親は同じ彦根市ですが、一般地域の人です。広野は約六〇〇世帯ある全国的に見れば大きな部落ですが、まわりに三〇〇〇世帯ぐらいの部落があるため、このあたりではあまり目立ちません。

同級生は広野に二〇～三〇人はいましたね。

――部落問題を知ったのは、いつですか。

小学校のころから隣保館《りんぽかん》（会館）で子ども会が開かれていて、学校が終わると子ども会に行くというのが当たり前でした。子ども会では年に数回、広野のことや、先輩から話を聞く学習会がありました。小学校四年生か五年生のころの学習会で、「おじいちゃんとおばあちゃんに会ったことがない」と話した先輩がいて、それを聞いたときに、そういえば私も母方のおじいちゃんと一回も会ったことがないと思いました。親の会話のなかで、おじいちゃんが生きているというのはわかっていました。そこで帰って母親に直接たずねると、父親が広野の出身ということで結婚差別を受け、仕方なくお母さんは家を出て結婚したので、おじいちゃんとおばあちゃんには会えないと教えてくれました。

ちょうど同じ時期くらいだったと思いますが、私が隣町の友だちと遊んでいると、友だちのおばあちゃんがやってきて、「あの町の子と遊んだらあかんて言うたやろ」と、友だちの手を引っ張って行ったことがありました。今から思うとあの二つが、私の部落問題との出合いだったと思

いまむら りき さん

います。おじいちゃんやおばあちゃんに会えない寂しさと、友だちが連れ去られた寂しさはありましたが、そのときはそれが部落差別だとは思っていなかったので、とくにショックではありませんでした。

●……学校生活

――中学時代はどうでしたか。

どこで道をまちがえたのか、中学校二年生のころには、いわゆるヤンキーといわれる生徒になってしまいました(笑)。学校に行かずふらふら遊んだり、授業を受けずに下駄箱のところでたまったり、髪の毛を染めてタバコも吸いました。同じ中学校でヤンチャをしていた同級生は一〇人ぐらいいましたが、そのうち八人が広野の子でした。

ときには違う中学校に行って似たような人と遊んだり、どこそこの中学校にこんなヤンキーがいるという会話をしましたが、たくさんヤンキーが出てくるのはいつも同じ地域で、今から振り返るとそこはみんな部落でしたね(笑)。

中学校三年生の一二月に、担任の先生から「あなたの行ける高校はない」と言われ、そのとき初めて「まずい!」と一生懸命勉強をしました。高校に行きたいというより、まだ働きたくなかったからです。その結果、なんとか入れそうな高校をピックアップしてもらい、無事合格しました。しかし、一〇人いたヤンキー友だちのなかで、高校に受かったのは二人だけでした。

――高校生活はどうでしたか。

初めてブレザーを着て電車通学をするので、最初は楽しかったです。ところが、圧倒的多数の地元の友だちは高校に行っていないので、夜遊んで朝に寝るような生活をしています。夜寝ようかなと思っているところに友だちが遊びに来ましたし、高校ではまだ親しい友だちがいませんでしたから、どうしても地元の友だちとの付き合いが多くなります。そのうちだんだん高校へ行かなくなって、一年生のうちに自主退学しました。

親は高校に行けとは言いませんでしたが、本当に厳しい経済状況だったので、授業料や制服代でたいへんだったと思います。母親と自主退学の届けを出しに行ったとき、すごく寂しそうな顔をしていたので、とても申し訳なく思いました。

――高校を辞めてからはどうしたのですか。

とにかく働こうと思いました。あまり雇ってくれるところがなく、職を転々としながらアルバイトをしました。そんなとき、隣保館の職員をしていたMさんという先輩から、会館に来いという電話がかかってきました。Mさんは、私が中学生のときにタバコを吸ったりバイクをいじっているときでも、ずっと声をかけてくれた人で、私たちが朝方にバイクで帰ってくると、「警察に捕まってもいいけど、事故で死んだら絶対にあかんぞ」と言い続けてくれていた人でした。

会館に行くと、Mさんは「ホームヘルパーの資格を取りに行かへんか」と言うのです。そのときは、ホームヘルパー自体、なにかよくわかっていませんでした。Mさんは、おじいちゃん・おばあちゃんとすごす仕事だと説明してくれた記憶があります。とくにやりたい仕事もなかったので、言われるがまま、大津の専門学校に四カ月間通い、ホームヘルパーの資格を取ることができました。

ところが、介護職で働こうとMさんと一緒に面接を受けに行っても、全社まったく受からないのです。何社も受け続けるなかで、「やっぱり高校を卒業しないとあかんのか」と思うようになって、Mさんと相談し、もう一度高校へ行くことを決めました。

ホームヘルパーの資格を取って、はじめてやりたい仕事ができたのに、就職活動のなかで世間の厳しさを体験し、したい仕事をするためには、それなりのハードルがあると気づいたのです。もう親には甘えられませんし、昼間働ける夜間の高校に、二年遅れで入学しました。

高校へ行き直して、自分の人生は大きく変わったと思います。昼間働かないと学費が出せませんし、夜は学校に行っているので、朝から夜まで拘束されて遊ぶ時間はありません。そうすると、これまでの友だちと連絡を取れなくなりました。当時のリーダー格の友だちがやきもちを妬《や》く人で、「あいつとは絶対にしゃべるな」という指示が広がったり、夜中にバイクで家のまわりをブンブン走られたりと、ヤンキーのなかでもいじめはあります（笑）。

それでも高校を辞めなかったのは、自分でお金を出して通っているというのが一番大きな理由だったと思います。なんのために働いているのかといえば、学校に行くためですし、なにをしても続かないと思われるのが嫌でしたからね。

――高校生のときの思い出はありますか。

高校一年生（一八歳）の夏休みに、Mさんから学童保育教室（学童保育）の指導員をしてみないかと誘われました。学童保育とは、夏休みのあいだ子どもたちの学力をつけたり、生活習慣の乱れを直すという目的で、地域の子どもたちを会館に集めて行われていました。

私も小学生のころは行っていましたし、子どもはきらいではないので指導員を引き受けて、そこから六年間、夏休みには毎年、学童保育の指導員をさせてもらいました。

指導員一年目に、腹が立ったら友だちを殴るような結構ヤンチャな子がいました。子どもたちを五時に帰らせて、明日の準備をしていると私が帰るのは八時ごろになるのですが、そのヤンチャな子は八時になってもブランコに乗っているのです。「なにしてるの?」と聞くと、お母さんが帰ってくるのを待っていると言います。母子家庭の子で、母親は自分たちを食べさせるために一生懸命働いていることは理解しているので、寂しいとも言いません。手には晩ごはん代のお金を握っており、今は会館の近くにもコンビニができましたが、当時は二キロぐらい先にしか食べ物を売っているところがなかったので、買えずにいたようです。そんな子どもたちが広野にはたくさんいることを知ることになりました。

その子たちが、学童保育では笑顔で遊んでいるのを見ると、この子たちの笑顔を守りたいと思ったのです。また、友だちを連れて行かれたという小学生のころの私の体験を、この子たちにはしてほしくないと思いました。

あるとき子どもたちに、「お盆はおじいちゃんやおばあちゃんに会いに行くの?」と聞くと「オレ、おじいちゃんやおばあちゃんに会ったことがない」という子が、ひとりではなく何人もいたのです。「あれ? どこかで聞いたセリフだな」と思いながら(笑)、仲良くなっていた親に理由を聞くと、「結婚反対されて家を出てきたさかいに、それから会ってない」と言うのです。小学生のころの自分と同じような子どもが、一〇年経った今も広野には何人もいる、これはいったいどういうことなのか、考えるようになりました。

また、高校二年生(一九歳)のときに付き合っていた彼女が同じ彦根市に住んでいたので、よく彼女の家に遊びに行きました。あるとき、向こうのおじいちゃんが出てきて、「うちの孫とは結婚はやめてくれよ」と言うのです。「なんでですか？」と聞くと、「広野やから」と言われました。私が以前にヤンキーだったからとか、高校に行き直しているからではなく、「広野」という土地の名前だけで反対されたので、本当に部落差別はあると実感しました。当時は、二度目の高校を卒業するのに必死でしたし、結婚したいという気持ちもまだなかったので、そんなにダメージはありませんでしたけれど（笑）。

そんなころMさんに、滋賀県の部落解放高校生集会の実行委員会に連れて行ってもらいました。そこでは私と同年代の子たちが、熱く部落問題を語っていました。私は広野を好きになれるほど広野のことを知らないし誇《ほこ》りもありません。部落問題とはなんなのかも語れなかったので、語れない自分を悔しく思いました。

そうした体験があったので、当初介護の仕事に就くために高校に再入学しましたが、部落問題をもっと知りたいと思ったのと、学童保育の指導員の経験から、小学校の先生になりたいという夢を持ちました。

◉……大学時代

――それからどうされたのですか。

教員免許を取るためには大学に行かなくてはなりません。しかし一番気になったのは学費でした。四年で四〇〇万円の学費は私には支払えません。そこで教員免許が取れる滋賀県の短大を探しました。それでも二〇〇万円の学費が必要でしたから、育英会から奨学金を借りて、足りない分はアルバイトをして支払いました。

二年制ですから、朝から夕方まで毎日授業でたいへんでしたが、高校と同じく自分のお金で通っていましたので、留年してしまうともう一〇〇万円かかりますし、卒業したら教員免許が取れるというゴールがはっきり見えていたのでがんばりました。

――大学のときの思い出はありますか。

大学時代は部落のことを知ろうと、地元の『広野町史』をはじめさまざまな部落問題の本を読みました。

また、夏休みにMさんから、一泊二日分の荷物を持って彦根駅で待っておくように言われたので、鞄を持って駅で待っていました。すると見知らぬ人から声をかけられ、「Mさんから聞いています」とバスに乗せられました。

どこに連れて行かれるのか不安に思って乗っていると、着いたところは埼玉県狭山市でした。バスを降りると黄色いゼッケンを着けたおじさんが、部落差別が生んだ冤罪《えんざい》（狭山事件）の話をしてくれました。初めて聞く話で、本当に衝撃を受けました。私が「石川一雄さんは今、どうしているのですか」と質問すると、ゼッケンを着けたおじさんが「私です」と答えたのにはびっくりしました。いきなり本人から、予備知識もなにもないなかで聞いた忘れられない経験です（笑）。帰ってから「先に教えてくれよ！」とMさんに突っ込みました（笑）。まったくなにも知らずに現地に行って狭山事件を知るという、斬新なパターンだと思います。私が乗せられたのは、部落解放同盟と自治労の狭山事件学習バスツアーだったのです。

バスツアーの参加者たちは、当然のように狭山事件を知っていたのにもショックを受けました。なぜ、広野では狭山事件や部落問題のことを教えないのだろうかと思いました。

そんな感じで、短大のときはMさんに、部落問題に取り組むいろいろな集会に連れて行ってもらいました。そうすると、集会でよく会う顔見知りが増えました。私は大学でも部落出身であることを隠していなかったのですが、大学に集会でよく会う女の子もいたのです。その女の子は、集会では部落差別は許さないと活動していましたが、大学ではカミングアウトをしていませんでした。しかし、その子のまわりでは、部落を悪口のひとつとして、たとえば「あんなやつは部落や」という感じで頻繁《ひんぱん》に使われていたようです。

ある日、その女の子から泣きながら電話がかかってきて、大学での差別を打ち明けられました。そのとき、私はただ「そうか……」としか返せませんでした。大学に入って部落問題の本を読んだり集会に行ってわかったような気になっていたけれど、泣いている後輩に対してなにもできなかったのです。その後輩をとおして、これまでの自分を振り返りました。

◉……サークルの立ち上げ

――卒業されてからはどうされたのですか。

教員採用試験はすぐには受かりませんでした。でも、卒業のまえに、お世話になったMさんに卒業できることを伝えに会館へ行きました。するとMさんは救急で運ばれて、入院しているということでした。面会に行くと、人工呼吸器が必要な状態で、体もぐっと小さくなっていました。その姿を見たときに私は、これまでMさんについて行っていただけで、自分の力ではなにもしていない、今後は自分の力で活動しようと決意しました。

そして当時、学童保育の指導員をしていた仲間たちと、広野の青年サークル「フェロー」を立ち上げました。今から五年前のことです。立ち上げ時のメンバーは七人で、そのうち私を含めた三人が部落出身者です。一般地域のメンバーのなかには、学童保育をつうじて部落の子どもとのかかわりが生まれ、「なぜ、この子たちが差別されやなあかんねん」と参加してくれた人もいました。

メンバーは入れ替わりはありますが、最近は高校生なども参加してくれていますから、全員で一五人ぐらいはいると思います。

毎週月曜日の夜八時から一〇時に集まって、みんなでしゃべったり学習したりしています。最初は子どもに勉強を教える活動をメインに、最近はメンバーの高校生が、彼女の両親から「部落やから別れてほしい」と言われたことを泣きながら相談したりと、人に言えないことも、フェローでなら言えるという、そんな場所となっていますね。

また、短大のとき地域の中学生に勉強を教えていました。そのなかで、子どもたちが甲良《こうら》町の部落の名前を出して、「あそこの人間はなにか違う」とほかの部落を差別するのです。私のときもそうでしたが、彦根市は学校ではいっさい部落問題を教えませんし、会館でも教えていません。私も狭山事件を知りませんでしたし、部落の子どもたちが部落を差別しているのを見て、会館で部落問題を教えなければならないと思いました。

地域の子どもたちと人権にかかわる活動をはじめたのは、それがきっかけでしたが、フェローでも中学生の人権学習会を受け持ったりしています。ほかには、ミニ運動会や彦根市に残るカムロというゲームの大会を開催したり、「水平社宣言」*1の学習会をしたりと、フェローの活動は今も続いています。

＊1 **水平社宣言**…一九二二年三月三日に結成された全国水平社創立大会で採択された宣言。「全国に散在する吾が特殊部落民よ団結せよ」「我々が「エタ」である事を誇り得る時が来たのだ」「人の世に熱あれ、人間に光あれ」などの文言が有名。

——仕事のほうはどうですか。

短大を卒業して三年目に、小学校の教員採用試験に受かりました。広野の隣の学区に配属されましたが、新興住宅街なので広野から来た人もいます。

保護者の方たちは、私が部落差別をなくそうと学校で和太鼓[*2]のサークル活動をしていることを知っています。あるとき、私がひとりでいると、ある保護者から「先生、子どもに（部落と）言ったほうがええんかな？」という悩みを打ち明けられました。

広野から出た人もまた、悩みをかかえています。

子どもたちには、自分自身の生き方を振り返ることが人権だと教えています。そのためには、いろいろな人と出会うことがたいせつです。一人だけでは自分を見つめることができません。出会った人を鏡にすることで、自分のことを振り返ることができると思います。

◉……冠婚葬祭での体験

——結婚はされているのですか。

はい、三年前に地区外の子と結婚しました。先に連れ合いのお兄さんと知り合いになりました。私の部落問題の講演で、一番前でうなずきながら話を聞いてくれていたのがお兄さんで、お兄さんと仲良くなるなかで連れ合いと出会って付き合うようになりました。彼女のお母さんは会社やいろいろな人たちから、広野が部落だということを教えられて、とても心配されていたようです。家でそんな話をしたときに、お兄さんは「なにを言うてるねん、あいつ自身を見たらなあかん」と熱く説得してくれたようで、そのために結婚のときに反対はされませんでした。

＊2 和太鼓…部落では歴史的に生業として皮革業に携わる人が多かった。そうした部落の文化に対する誇りを想起させるべく、部落の若者を中心に、一九八〇年代から各地の部落で和太鼓を演奏するグループが組織されてきた。

結婚が決まり、連れ合いが三人の幼馴染《おさななじ》みに結婚の報告をしてくると食事に行きました。いつもだと何時間もしゃべって帰ってくるのに、その日はすぐに帰ってきました。そのときはなにも聞かなかったのですが、半年ぐらい経ってから、幼馴染みたちから「部落の人と結婚すると、あんた幸せになられへんで」「親や家族の幸せを考えたら、絶対に私は結婚できない」と言われ、部落の人と結婚するのなら友だちの縁を切るというような話をされたようです。

私は、「差別が悪いのであって、人を憎むな」と心がけて生きてきましたが、連れ合いが幼馴染みたちから縁を切られたと聞いたとき、正直、はらわたが煮えくり返りました。

連れ合いも一番祝ってほしかった相手に反対をされて、腹が立ったようです。実は彼女は人権学習が無茶苦茶嫌いだったのに、その件があってからは、人権について熱心になっています。

結婚から一年経ったとき、反対した幼馴染みの一人から、連れ合いと会いたいという連絡が入りました。幼馴染みの話を聞くと、お姉ちゃんが部落の人と結婚しようとしているのを両親が反対していて、結婚するのなら家を出て行けということになっているようでした。それを見て、自分は友だちに同じことをしてしまった、とんでもないことをしてしまったと思い、連絡してきてくれたのです。連れ合いも幼馴染みも、泣きあってしゃべっていました。

わかってくれてよかったですし、やはり人が悪いのではなく、差別が悪いのだと感じました。今もお付き合いをしています。ただ、もう一人の幼馴染みは、結婚相手の家族を行政書士に頼んで身元調査をして、シロだったので結婚したようです。その人とはまだお付き合いはありません。

――若い世代にも部落差別は残っているのですね。

部落差別とは思っていないと思います。家の幸せということを脈々と受け継いでいるのだと思います。私たちの子どもが大きくなるまでには、なんとかしたいと思っているのですが、どうすればいいのかわかりません（笑）。でも部落差別を受けたことをみんな言えないので、行政や運動体には差別事象としてあがりません。

部落差別はもちろんおかしいと伝えていかなければならないのですが、部落差別をする人だけが一〇〇パーセント悪いのかと考えることもあります。

――それはどういうことでしょうか。

昨年、おじいちゃんが亡くなりました。結局私はおじいちゃんとは会えず仕舞いになりました。ただ、おじいちゃんが亡くなったら、お通夜・お葬式にはかならず行くと以前から決めていました。父親には「行くとつらい思いをするだけや」とすごく反対されたのですが、自分が存在するのはおじいちゃんがいたからだと思い、「あんた一人で行かすの心配やから」と連れ合いがついてきてくれたので二人で向かいました。

ところが、会場まで行ったのに、怖くて式場に入れないのです。入るとどうなるのかということを考えると、たった一歩が踏み出せなくなりました。仕方なく終わってから手を合わせました。そして、明日のお葬式には参加するということを伝えると、伯母《おば》から「お昼ご飯は、親族の分しかないから帰ってね」と言われました。私は「そうかぁ、自分は親族じゃないのか……」と思いました。また、孫からは「今日は来てくれてありがとうございます」と言われました。私も孫だから同じ立場のはずです。たぶんなんの悪気もなく言っていると思うのですけど、なんで私はこの人たちから、ありがとうと言われるのかと思いました。

おじいちゃんのお葬式をとおして、結婚差別を受けても押し切って結婚すればいいという意見は聞くけれど、結婚してからも問題を解決しなかったら、子どもや孫の代が苦しむ問題だと思ったのです。結婚できてよかったで終わらせるのではなく、なぜ二十数年も解決してくれなかったのかと、おじいちゃんにも両親にも思ったのです。部落差別をしたおじいちゃんが一〇〇パーセント悪くて、両親は一〇〇パーセント被害者なのか、「ありがとう」と言う孫が悪いのか、お膳を用意しない親戚《しんせき》が悪いのか……。そのとき私は、おじいちゃんだけを責められませんでした。

今、広野には、おじいちゃん、おばあちゃんと会ったことのない子どもがたくさんいます。保護者になんとかなりませんかとお願いするのですが、「今さら」と返されます。悪いのは部落差別であって人ではないはずです。この子どもたちのために、どうしたらいいのか悩みます。

――お父さんと部落問題について話をしたことはありますか。

父親は多くを語りませんが、解放運動をしたかったのではないかと思います。長距離のトラック運転手をしていて、土日も休まずひたすら働いてきた人ですから、環境的に解放運動ができなかったのだと思います。

父親は、実は結婚を二度して二度とも部落差別を受けています。最初の結婚のときも厳しい部落差別を受け、それでも押し切って結婚したようですが、長距離トラックの仕事に出ているあいだに向こうの両親が娘を連れ戻しにきて、結局、お連れ合いさんは帰ることを選んだようです。そのことを父親は絶対に自分の口からは言わなかったので、全部お母さんから聞きました。だから部落差別に対する怒りは人一倍あるようで、それがおじいちゃんのお葬式に行くときに「絶対やめとけ」という言葉になったのだと思います。

でも、お酒を飲むとよくしゃべります。「お前のサークルはどうや」とか、太鼓に興味もないのに「太鼓どうなんや」とかね。そんな姿を見ていると、生活のために働きづめだっただけで、余裕があれば解放運動がしたかったのかなと思います。

◉……これからの活動

――これからはどんなことをしていきたいですか。

最近心がけていることは、自分にしかできないことではなく、自分にもできることをやろうということです。ただ、それで部落差別はなくなるのかといわれれば、気が遠くなりますが、こういう心がけが何十人、何百人と広がっていくことに可能性を感じます。

また、この地域を見たときに、しんどい層の人たちがどんどん流入して、生活に余裕のある人が出て行っています。私は、出て行くこと自体は悪いことではないと思います。ただし、嫌だから出て行くのではなく、広野に少しでもつながりを持って出て行ってほしいと思います。広野から出た人も、部落問題で悩んでいるのを見てきていますから。もちろん広野に生まれたからといって、みんなが運動しなければならないとは思いません。

ただ、広野に住んでいる人が一〇年後に笑っているのかということが気になります。こういう仕事がしたいという選択肢のない子どもがどんどん増えています。

フェローに来る子どもはまだ、生活や学力に余裕があります。たとえば、家に学習机がなくて、リビングのちゃぶ台で勉強しているなか、親から邪魔だと言われているような子どもは、フェローにも来ません。その層にかかわろうと、二年前からフェローとは別にヤンチャな中学生を集めて勉強会をはじめました。この地域の学校区ではないところから来た子どももいました。

高校の進学をめざして十数人と一緒に、四カ月間勉強をしました。ところが、見事に全員高校を落ちました。勉強会が終わったとき子どもたちから、「ありがとうな」と言われたのですけど、高校に落ちたのに、なにがありがたいのかわかりませんでしたが（笑）。でも、定時制高校に行くと言ってくれた子がいました。その子は、私が定時制高校を卒業したというのを知っていたようで、「リキも行ってたんやろ？　それで教師になれるんやったら、ちょろい」と言ってくれました（笑）。今もバイクを乗り回していますが、会えばかならずあいさつをしてくれます。私が一番やりたいことは、実はこの層に対する活動なんです。

また、広野の子どもたちに身近なヒーローを作ってあげたいと思っています。子どもたちがそのヒーローをめざしてがんばれるような、そのヒーローを見て希望を持てるような、私ではなく、もう少し子どもたちと年齢が近くて若いヒーローをです（笑）。

――今村さんにとってのMさんですね（笑）。

そうですね。学校も行政も、本当にしんどい子には手を突っ込んでいないように思えてなりません。いろいろな活動をしても、見えてこない子どもたちに対する取り組みをしていきたいのです。

――自身の子どもに伝えたいことはありますか。

自分の子どもには、一緒に活動してほしいという思いはありませんし、好きなことをやればいいと思います。ただ、お父さん、お母さんは人を大事にして生きているという姿を見せられたらいいと思います。また、差別を受けない人になってほしいとも思いません。差別を受けるとわかることもあると思います。心の痛みがわかり、人を大切にする、差別をしない人に育ってほしいと思います。

今私は、部落解放を託してサークルで太鼓をたたいているのですが、何年後かに子どもと一緒にたたけるといいと思いますし、その時にお父さんが太鼓をたたいている意味を、少しでもわかってくれればいいと思います。

差別を憎んで人を憎まず、ですよ。

——**ありがとうございます。**

インタビュー……二〇一一年一〇月

もっと早く知りたかった

財団法人 反差別・人権研究所みえに勤め、子どもたちに向けた講演などで、部落問題を伝えている本江優子さん。どんな気持ちで講演し、なにを伝えたいのか、お話を聞いた。（編集部）

本江優子……一九八〇年生まれ

●……部落問題との出合い

——部落問題を知ったのは、いつですか。

私が生まれたのは、三重県大紀町《たいき》にある三〇世帯ぐらいの少数点在の部落です。大字《おおあざ》・阿曽《あそ》という集落のなかに五、六カ所の部落があり、私が生まれた地域は小字《こあざ》が「下《くだ》り」と呼ばれていました。小さな町でしたので、小学校の同級生は一七人、中学校でもやっと三〇人を超えるぐらいの学校でした。

小・中学校で部落問題を教えてもらった記憶はまったくありません。地域は道も細く車が通れないところがあったり、公営住宅や街灯などもありませんでした。

私が部落という言葉を知ったのは、中学二年生のときに部落のことが社会の教科書に出るということで、先生が家に来て親と話をしたようです。そして先生が帰ったあと、父親からここは部落で差別されるところだと聞きました。母親は一般地域の人で、部落のことを知らなかったらしく、そのときに母親も初めて知って、二人でびっくりした記憶があります。ただ、部落という言葉や差別されるという意味がわかっていませんでしたし、小・中学校でも差別されたことはなく、みんなで普通に遊んでいましたので、とくになにも感じませんでした。

また、社会の授業のなかで部落が出たことも覚えていませんし、私と先生が部落問題について話をしたこともなかったです。

――お父さんは解放運動をされていたのですか。

まったくしていないと思います。当時の私は組織のことを知りませんでしたが、部落解放同盟の支部もあったようです。ただ、なんの活動もしていなかったようで、同和対策事業で集会所を建てたようですが、いつもシャッターが閉まっていて誰も利用していない状態でした。支部は、同和対策の特別措置法[*1]が切れた二〇〇二年になくなりました。

父親はトラックの運転手や工事現場の作業員、スーパーの店員などとよく仕事を変えていました。基本は日雇いで、雨が降ったら仕事がなかったので、母親も家で内職をしたりパートに出たりと、朝から晩まで働いていました。

父親はもう亡くなりましたが、生きていると今七〇歳です。父親は小学校を卒業していません。名前は書けましたが、自分の字を見せたがらず、字を書かなければならない書類などはいつも母親が書いていました。母親は短大を卒業しています。のちに父親から、学校へ行けば部落といじめられ、家の仕事もしなければならなかったので、小学校を途中で辞めたと聞きました。

＊1 同和対策事業特別措置法…一九六九年に制定された一〇年を期限とする時限立法。同和地区における「経済力の培養、住民の生活の安定及び福祉の向上等に寄与することを目的」とし、地方自治体が行う同和対策事業に対して、国が予算の三分の二を補助するものであった。以降、二回の延長を重ね、特別措置法は二〇〇二年三月に期限切れを迎えた。

当時の私は、父親の字を見て、「おとん、汚い字やなー」と普通に言っていたことを、今となっては反省しています。

●……学生時代

――中学校を卒業されてから、どうしたのですか。

小さいときから家が経済的に苦しいのを見ていたので、私には稼げる仕事というイメージがあった医者になりたいという夢がありました。その話を小学校低学年のころ、親に話すと、「大学に行くのかぁ」と暗い表情をした顔を見て、私は中学校を卒業したら働こうと思いました。六つ下に妹もいましたし、自分が早く働いて妹の分の足しにしたいという気持ちもありました。

もとえ ゆうこ さん

父親は、自分みたいになってほしくはないと思っていたようで、「勉強しろ」とは言いませんでしたが、ちゃんとした職に就くために、なんとか高校に行かせたいと思っていたと、後から聞きました。でも、中学校を卒業したら働くと伝えていました。

中学三年生のとき、教育委員会の人と先生が来て、ここは差別されてきた地域だから、高校に行く時にお金を貸してもらえるというようなことを伝えに来ました。そのときにまた、部落という言葉や差別という言葉を聞きましたが、それよりもとにかく高校に行けるというのでその奨学金を活用して進学できました。

でも、大学に行くには大金がかかるというのは知っていましたので、進学校ではなく、就職率のよかった制服のかわいい（笑）三重県内の商業高校に通いました。

――高校生活はどうでしたか。

高校に入学してすぐに、放課後ひとりだけ担任の先生に呼ばれました。そして「奨学金をもらっとるよな」と聞かれたので、「はい」と答えると、校内で「奨学生の集い」をやっているので参加しないかと言われました。でも、なんのことかわからなかったので行かずにいると、社会同和教育推進教員[*2]（同推）の先生からも「行ってみて」と言われました。その同推の先生は生徒指導も兼ねていた怖い先生だったので、行くことにしました（笑）。

お昼休みに奨学生の集いに顔を出すと、四、五人の子がいて、私と同じクラスには奨学金をもらっている子はいないようでした。その日はあいさつ程度で、一〇分ぐらいで終わり、教室に帰ると担任に呼び出され、なおかつ怖い生徒指導の先生にも呼ばれたことで、クラスの子は「何なん？」とすごく興味を持っていました。私は「なんかわからんかったわ」とごまかして、次回か

＊2 社会同和教育推進教員：一九七〇年代以降、同和地区における社会教育の指導者として設置された市町村職員。主として地元の青年が指導員として採用され、子ども会・識字学級などの指導にあたった。

らの参加を断り続けていましたが、毎回担任から呼び出されるうちに、周りからは「あんた何したん？」という雰囲気になってきました。そうなるくらいなら行こうと思い、部落や差別のこともピンとこないまま、とりあえず参加していたという感じです。

奨学生の集いに来ていた子はまじめな子が多く、私とは少し雰囲気がちがっていたのでクラスの友だちと帰っていました。集いに行っているあいだ、その子を待たせていたため「早く帰りたい」とずっと思っていました。

また、学校を越えた奨学生の集いが月に一回あり、それにも同推の先生が怖かったので（笑）参加しました。そのなかに、毎朝一緒の電車で通学する隣町の違う高校の子がいて、電車内で意気投合し友だちになりました。その後、同推の先生から高校一年生の夏休みに宮崎県で開催される部落解放全国高校奨学生集会（全奨）に誘われ、初めて飛行機に乗れるという魅力と、その友だちも参加するというので、旅行気分で参加しました。

全奨では、全国の部落の高校生が「付き合っている人の親に、部落やからやめてほしいと言われた」などたくさんの子が泣きながら差別のことを語っていました。自分はなんの発言もできないし、知識もなかったけれど、そんな自分と同じ立場の子たちの姿を見たときに、何かしなければならない気がしました。

奨学金の説明のときに父親から、「バカ」「ヨツ」という言葉を浴びせられたという話を聞きましたが、それは父親の子どものときの話だと思っていましたし、今の時代にそんな差別があるわけないと思っていました。私も小・中学校とみんなと普通に遊んできて、部落だからと差別を受けたことがなかったので、自分は差別を受けないという自信がありました。だから、何かしなければならないと思ったときの気持ちは、自分の問題というよりも、差別を受けた子のために一肌脱ごうという感じです。

帰ってから、全奨に一緒に行った友だちと二人で、地元の誰も使っていない集会所を開けてもらって学習会をはじめました。同推の先生やその友だちのお母さんが社会同和教育指導員をしていたので、部落の成り立ちや歴史など、最低限の基礎知識の学習会を月一回行いました。また、学習会は次の全奨を三重県で開催するための準備という側面もありました。

三重県四日市《よっかいち》市で開催された全奨は、誰かが発表するうしろで盛り上げていたという感じで、全奨本番よりもそれまでの準備や取り組みがすごく楽しかったです。そのなかで一番衝撃を受けたのは、伊賀や桑名、四日市の部落の子は、小学校のころから毎週、部落問題の学習会や取り組みを地域でやっていたということです。「うちの地域にはなんでないんやろ?」とほかの地域とすごくギャップを感じ、私は「ふつうの部落の子」とは違う(笑)と思いました。

そうやって地域の人権活動には取り組みましたが、学校で行われていた人権の授業は、高校三年間、ずっと大嫌いでした。ビデオを見たり歴史の学習をして感想を書くといった学習が、全然おもしろくなかったからです。その時間は、友だち数人と一緒に、さぼったりトランプをして過ごしていました。みんな人権というと引いていましたし、自分も一緒になって面倒くさいとか、どうでもいいと言う側でした。葛藤もなく、割り切っていたというか、まったく別の人格になっていたと思います。

今思えば、部落問題といえば部落に住んでいる人の問題で、自分のことだと考えると重たかったのだと思います。人権活動が楽しかったのは、参加している子はみんな部落の子だったからで、そういう場と、クラスに自分だけが部落の出身という違いがありました。そういう状況は、高校三年間続きました。

◉……就職

――高校を卒業してから、どうしましたか。

人権活動を通じて、福祉関係の仕事がしたいと思いました。その希望を伝えると、学校推薦で行ける特別養護老人ホームを紹介されました。成績はクリアしていましたし、一〇人の募集に一〇人の応募で、あとは面接と作文だけで、落ちることはまずないと言われていました。

その特別養護老人ホームを受けた結果、私だけが落ちました。先生たちも疑問に思って、調べてくれた結果、いわゆる同和地区の出身者だから来ないでほしいということでした。その前に、はじめは家が遠いからという理由でしたが、私より遠い子が採用されていたのです。何回かやりとりするなかで、過去に私と同じ地区の人がそこで働いていたらしく、その人は置き手紙だけを残して突然辞めたということです。部落の人はみんな同じことをするだろうという偏見で、同じことをされると困るので、うちに来てもらわなくてもいいとも言われました。

私がまったく知らない人の辞め方が理由で落ちるなんて、なんでそんな話になるのかと思いました（笑）。

それに対して部落解放同盟をはじめ、まわりの大人たちが確認会や糾弾会をやってくれましたが、私はまだそれが部落差別と実感していませんでした。また、高校生だったためか、確認会などの場には私はおらず、勝手に進んでいるという状況で、悔しいとかつらいという感情は一切なく、なにか人ごとみたいな感じでした。

後日、糾弾を受けた会社が、超高級松坂牛を持って謝りに来ました。そして「じゃあ、採用しますす」みたいなことを言ってきたので、「もういいです」と断りました(笑)。

でも福祉関係の仕事はしたかったので、介護福祉士の資格を取るために通信制で勉強しながら、高校のときにアルバイトをしていたラーメン屋に、「就職ができなかったので、このまま雇ってください」とお願いをして働かせてもらえることになりました。

●……恋愛

――その後はどうされたのですか。

就職差別を受けたのに、当時の私は、「それはそれ」という感じで、部落差別を受けない自信を持っていました。小・中学校と同じ地域にいて差別されたことはなかったですし、「ふつうの部落の子」じゃないと思っていたので。

高校を卒業して二年間付き合った人がいました。お互いの家を行き来し、泊まりに行くなど彼の親とも仲良くしていました。そんななかで結婚の話になりました。私が二〇歳のときです。結婚の話が出たときに、相手の母親が私のことを調べたようです。私の住んでいる隣の字に知り合いがいたらしく、知っているおっちゃんなのですが、「あそこは部落やで」と教えたみたいです。それを受けて、まわりの目もあるし、親戚《しんせき》が何と言うかわからないから結婚はやめてほしいという話になりました。私は結婚なんて考えていませんでしたが、その話を私は彼からの電話で知りました。「あっ、これが部落差別か」と思ったのと同時に、頭の中が真っ白になり、涙が止まりませんでした。彼は電話口で「親は関係ない、結婚したい」と言っていましたが、ほかの話はまったく頭に入ってこないのです。関係ないとか、お前が昔から部落というのは知っていたと言っていたのはなんとなく覚えています。でも、自分から電話を切ってしまいました。またすぐに電話がかかってきて、「とりあえず今から家に来てほしい」と言われたので、車を運転して彼の家まで行きました。ところが家を目の前にすると、身体が震えて車から降りられなくなってしまいました車のなかから彼に「ごめん、車から降りられへん」と電話をし、彼が駐車場まで来てくれました。が、それでも降りることができませんでした。結局、その日はそのまま帰りました。すると、今度は怖くて彼と会うことができなくなってしまいました。何度も電話をくれたのですが、自分のなかでわけがわからなくなってしまったのです。

このまま彼と別れてもいいと思ったのと同時に、今後、別の人と付き合ってもまた同じことになるんやなと考えると、「ああ、もう生きててもしゃあないわ」と思って、気づいたら手首を切っていました。親は私のただならぬ雰囲気で異常を察したらしく、部屋の外からドンドン扉をたたいて、「何があったん? ちょっと待って!」という感じで、びっくりしただろうと思います。幸い、親がすぐに病院に連れて行ってくれたので、大事にはいたりませんでしたが……。

それでも親には何があったのかをその時は言えずに、一カ月ぐらい何もできない日が続きました。そんなとき、高校で人権活動を一緒にやっていた親友から、たまたま電話がかかってきました。私のしゃべり方で何かあったとわかったらしく、「何でも言って」と言ってくれたので、一連のことを全部話しました。すると彼女は、「アホか、何であんたが死ななあかんねん!」と言って話を聞いてくれました。それで少しは楽になりました。それから両親にも事情を言おうと思いました。相手の親から、「部落やから結婚してほしくないと言われた」となんとか言いました。そのときはまだ、気持ちの整理がついていなかったと思います。それを聞いて、「今から殴り込みに行くぞ！」と怒る父親に対して、「そんなことしたってもう一緒やからやめて！」と止める私。そばでは母親が号泣していました。そんな泣いている母親に対して私は、「何で私を生んだん？　あんたがこの人と結婚せえへんかったら、こんなことにならへんかったのに！」と泣きながら言ってしまいました。父親は怒鳴り、母親はさらに号泣して、本当に最悪な状態でした。

就職のときと結婚のときの体験を通じて、「これが部落差別なんや」とはじめて実感しました。

●……気づいたこと

――前向きになれるきっかけはありましたか。

私の四つ上の先輩にYさんという人がいます。私が仕事をしていないという情報をYさんは誰かから聞いていて、今、私が働いている職場の前身の団体が求人を出していることを、電話で連絡してきてくれました。その電話でのやり取りのなかで、結婚差別のことを彼女に打ち明けると、求人を出している団体は人権の仕事をするところであること、また青年部というのがあるから参加してみないかと誘われました。当時の私は、部落解放同盟の支部や青年部という組織のことを全然知りませんでした。Yさんから電話をもらわなかったら、今も青年部に参加していないだろうし、そのときはとてもしんどい時期だったので、自分を支えてくれる人がいてくれてよかったと思います。今から思うと、Yさんがいたから今の私がいると思います。今でもなにかあったらYさんに電話しますすし、きょうだいや家族のような存在で、しんどいことやしょうもないことも含めて、ひとりで抱え込むことはやめようと思いました。

それでも、新しい仕事を始めて四年ぐらいは、どこかで差別を受けるのではないかとビクビクしながらの、不安な毎日でした。また、親との関係もギクシャクしていました。でも、四年ほど経ったころ、人権の仕事をしながらいろいろな人の講演を聞いたり青年部の活動をしたりするなかで、当たり前のことですが、悪いのは差別する側だから、自分自身を傷つけることは絶対にしてはいけないと思ったのです。そのときはじめて、自分は生まれてきてよかった、生きていてよかったと心から思いました。これまでは、部落の人がいるから部落差別がある、ようは私がいるからダメなんだと思っていました。結婚差別を受けた二〇歳のときはとくにそう考えていましたし、だから自分がいなくなったらいいと思っていました。でもそうではなく、差別する側が勝手な理由をつけて差別をしているだけで、差別されるために生まれてきた人はいないし、私もそうだと思いました。生まれてきてよかったと実感できたとき、二〇歳の時に母親に言ってしまったことを心から「ごめん」と謝ることができました。母親は泣きながらぎゅーと抱きしめ、「かまへん」と言ってくれました。

――高校のときの人権活動と、なにが変わったのですか。

高校の人権活動では差別はあかんとか人権は大事と言ってきましたが、結局、表面的に言っていただけで、記号や言葉の暗記のようなことをしていたと思います。今から考えると偽善やなと思いますね。また、そもそも社会構造のなかの部落差別のことを誰も教えてくれなかったし、自分から知ろうともしていませんでした。差別を受けて、いろいろな人と出会うなかで、四年もかかりましたが、差別される側は悪くないと気づけるようになってきたのです。

――青年部は本江さんにとってどのような場所ですか。

表現がむずかしいのですが、居場所という言葉は嫌いですし、よりどころというのも違います。青年部の活動はすごく大切ですし、もしかすると自分の居場所なのかもしれませんが、でも、頼りきってしまうというのも嫌ですし、なにかあったときだけ行くということもしたくはありません。自立したいという気持ちがあるのでしょうかね。

●……伝えたいこと

――伝えたいことはありますか。

自分が生まれてきてよかったと思えたころから、仕事で少しずつ講師として講演に行くようになりました。子どもたちの前で話すことが多いです。子どもたちに伝えたいことは、差別されるために生まれてきた人は絶対にいないということです。また、自分自身を好きになってほしいと伝えています。私にはYさんや高校の人権活動で知り合ったなんでも相談できる親友がいます。そのような親友が子どものときから一人でもいたらいいなと願います。

職場のある三重県人権センターにも、小学校の人権学習の一環で多くの小学生の子どもが来てくれます。小学生から人権や差別について勉強している子どもたちを見て、すごくうらやましく思います。私も小学生のころから「ふつうの部落の子」のように学習していれば、学校の人権の授業をまじめに受けていたかどうかはわかりませんが、差別を受けたときに怒るということは性格的にできないだろうけど、少なくとも死ぬという選択はしなかったと思います。

最近、小学校のときの友だちに、じつは「下り」の子とは遊ぶな、あそこの家には行くなと親から言われていたと教えてもらいました。知らないのは、部落の子だけなんです。やっぱり、早く知りたかった……。部落に生まれたことや、部落差別が何なのかということを。

私の地域には同級生が（私を含めて）三人いるのですが、そのうちのひとりの子は、私のような人権活動もしていなかったし、親も「子どもには伝えたくない」という家庭でしたので、部落のことをまったく知りませんでした。その子は結婚のときに相手の親から反対され、「あんた部落の子やろ、血が緑なんやろ」「結婚なんか許すわけがない」と言われたようです。私が人権の仕事をしているということで、私のところに来て「部落って何なん？」と聞いてきました。ちょうど私が初めて教えてもらった中二のときと同じようにわけもわからずパニックになっていて、なおかつ差別を受けて結婚が破談になっていました。私が部落の説明をすると、「そんな差別する親とは一緒にいたくないし、結婚なんてもういい」とすごく怒りました。そして相手の親に一言言いたいからと私も連れて行かれ、「何がちがうの？　血が緑って？」と言い、体に傷をつけて血を見せました。これが怒りかというぐらい、私とは対照的な反応でした。後で「知っていたなら、なんでもっと早く教えてくれへんかったん？」と言われました。「ごめん」としか言えませんでしたし、親にもなぜ教えてくれなかったのか、文句を言ったようです。本人が知らなくても、まわりはみんな知っていることなのです。その子は、今は別の人と幸せな家庭を築いています。

学校の先生に伝えたいことは、自尊感情を育てる教育や仲間づくりをしっかりしてほしいということです。それがどんな教育内容になるのかは、私にはいまいちよくわかっていませんが。また、差別をしない生き方を教えないと、自分が差別を受けたとき、身近で差別があったときに怒りなど起こりえないと思います。それは地区内外問わず、子どもたちに絶対に教えていかなければばなりません。

また、私は立場宣言というフレーズや行為がすごく嫌いです。立場宣言をすることで、クラスが部落差別のことをきちんと考えてくれるという思いで立場宣言をしたいという子もいるかもしれませんが、でも立場宣言をやるのがえらいとか、立場宣言にステイタスをもたせるというのが私にはどうしても理解できません。

――講演をしていて反応はどうですか。

よく被差別体験を聞かせてほしいと言われるのですが、そうすると本江優子という人間のまえに、部落出身者という形容詞がつくわけです。そして、その形容詞のほうが先に出て、部落出身の本江さんに話を聞くとなるんです。

私は別に部落を隠して生きていきたいと言っているのではなく、みんなも人生に嫌な経験があるように、私も嫌だったことのひとつに部落差別があっただけです。部落出身者とひとくくりにされてしまう、それがすごく嫌です。

あるとき講演で、学校の先生たちのまえで普段通りたんたんと被差別体験を話すと、ある方が、「本江さんは、部落っぽくないですね」という感想を述べられました。私はびっくりしてしまって、「あっ、はい、ありがとうございます」と言ってしまいました(笑)。「部落っぽい」って何なのでしょうか。いつもつらい顔をして、涙ながらに話をするのが「部落っぽい」のでしょうか。その方は部落の人にどんなイメージや固定観念があるのか、後で考えてしまいました。

たとえば、髪の毛を茶色にして化粧もばっちりして、スカートも短く服装も派手な子が、部落問題を語っていても、何もおかしいことではないはずです。けど一方で、そんな派手な格好をしてやっぱり部落の子はあかんと言われてしまうことがあります。私も昔はそうでした。もうあまり、大人のまえで講演をやりたくないというのが本音です。

——では、このインタビューはなぜ受けたのですか。

この雑誌は差別をなくすためにやっているからです。また、あとで読んだとき、自分のことを振り返るきっかけにもなりますし、勉強になると思ったからです。

みんなが読むかどうかはわかりませんが、地元の人や学生時代の友だちなど、知っている人が読んだら恥ずかしいので、本当はあまり出たくないんです。でも、これを読んで、子どもにかかわる大人が、部落の子には早い時期に自分の立場を自覚させ、どう生きるかを考えられるようにしてほしいと思いますし、すべての子どもたちにちゃんと部落問題を教え、反差別の生き方をしてもらいたいというメッセージが、間接的に伝えられるかなと思ったので、インタビューを受けました。

——ありがとうございました。

穢れ意識をなくしたい

宮内礼治……一九七七年生まれ

鹿児島で、二年前に父親から太鼓屋を引き継いだ宮内礼治さん。太鼓屋としての技術を磨く一方で、小学校などで講演も行っている。彼の生い立ちと、講演で何を伝えたいのか、お話を聞いた。（編集部）

●……部落問題との出合い

―どちらで生まれたのですか。

鹿児島県の伊集院町にある小字《こあざ》・下《しも》と呼ばれている部落です。鹿児島県内には八十数カ所の部落があって、未指定地区*1も含めるとその倍ぐらいの部落があります。少数点在型の部落が多いのですが、私が生まれた部落は、八〇世帯ぐらいの比較的大きな部落です。

―部落問題を知ったのは、いつですか。

小学校四年生のときに、親父からキャンプに誘われ、親父の運転する車には、私たちきょうだいのほかにも、子ども会の友だちや地域のお兄ちゃん、お姉ちゃんが乗っていました。着いた先は、私が思い描いていたキャンプ場ではなく、建物のなかに案内されて、そこには知らない子ど

*1 **未指定地区**…同和対策事業を行う地区に指定されなかった部落のこと。

もたちがたくさんいました。高校生のお兄ちゃん、お姉ちゃんたちが司会をし、話の節目節目に、「差別に負けない人になろう」とか「自分に誇りをもとう」という言葉が出てきました。私はそれを聞きながら、キャンプなのに何をやっているのかなと思いました。そのあとはカレー作りやキャンプファイアーといった思い描いていたキャンプとなり、お兄ちゃん、お姉ちゃんたちが「一緒に遊ぼう」と声をかけてくれました。すごくいい人たちだなあと思ったのを覚えています。

次の日に、もう一度建物のなかに集められて、感想を言う場がありました。そこでも「差別に負けない人になる」というような感想が出てくるわけです。

どうしても気になったものだから、帰りの車のなかで「部落や差別とか言ってたけど、ぼくたちのところもそうなの?」と親父に聞きました。そうしたら親父は、「おお、じゃっど(そうだ)。

みやうち れいじ さん

わいもこれから差別に遭《あ》うかもしれんで、勉強せにゃあならんど」とあっけらかんと答えました。そのときの理解は、ようは差別はいじめと同じで、いじめと闘っている人たち、つまりぼくたちは正義の味方なんだというプラスの出合いでした。

それから、子ども会で学習会がはじまりました。ムラのじいちゃん、ばあちゃんたちから、昔はこんなにひどい差別があったとか、結婚差別で命を落とした人がいるという話を聞きました。

――学習会をどう思っていましたか。

町内の子ども会には来るのに、解放子ども会[*2]には来ない同級生がいて、なんで来ないんだろうと思っていました。後からわかったことは、解放子ども会には参加させたくないという親や、解放運動に反対する人たちも多くいたようです。私も最初は、同和対策事業で建てた隣保館《りんぽかん》のことを、隣保館だと認識していませんでした。なぜなら隣保館の表札に「公民館」と書かれていたからです。

それを親父に質問すると、公民館の表札をひっくり返しました。すると裏には「隣保館」と書いてありました。地域の人が、隣保館という名前を使ってほしくないというあらわれですね。当時、自分たちは正義の味方なんだと思っていた反面、部落のじいちゃんたちの話を聞いても昔のことであり、自分には関係のない問題だと思っていました。

――それはずっと続いたのですか。

いいえ。小学校六年生のときの解放子ども会の人権学習で、私の親父からはじめて母との結婚の話を聞きました。私の母は奄美《あまみ》の出身で、島差別を受けて育ちました。だから、結婚のときは親からの結婚差別はなかったのですが、母は職場の上司から「結婚する人は部落の人なのよ」と

＊2 解放子ども会…部落解放同盟が組織した、部落解放子ども会のこと。地域によって名称は異なる。部落の子どもたちに生活をとおして部落差別をとらえさせ、自己のおかれた社会的立場を自覚させること、さらには差別と闘う力を身に付けさせることがめざされた。

言われ、結婚にさしつかえるようなことになったらどうしようかと悩んだようです。その悩みを親父に相談できずにいて、結婚から一〇年ほど経ってはじめて言ったそうです。親父は、一〇年近くも母を悩ませていたことが苦しかったと言いました。

その話を聞いたとき、これまで昔の話で他人事だと思っていたことが現実味を帯びた問題になり、大きなショックを受けました。

また、バスを利用する人たちはどこが部落かということを知っているので、部落のじいちゃん、ばあちゃんたちは、行きたい方向の次のバス停まで歩いて行って、そこからバスに乗っていたと聞きました。

その話を聞いたあと、私はバスに乗れなくなってしまいました。小学校高学年から中学生の時期は、部落差別に遭ったらどうしようと不安が募っていき、どんどん落ち込んでいきました。

●……学校での授業

——学校ではどうでしたか。

小学校の社会の授業で、「昔のことを調べてきましょう」という宿題が出されました。家に帰って親父に昔のことを教えてほしいと言うと、二つの話をしてくれました。

ひとつは、昔はとても貧しくて、誕生日のときにばあちゃんは食パンにチョコレートを薄く塗ってケーキ代わりにしてくれたようです。貧しいながらも明るくすごした、いい話だと思いました。

もうひとつは、今は名前は宮内だけど、親父が小学校のときは、このへんの人たちは丸山という苗字だったと言うのです。

次の日、みんなは昔のタバコのキセルやお金、農具などという物を持ってきていました。私は作文しか持ってきていなかったので、みんなのまえで読むことになりました。最初に誕生日ケーキの話をすると、クラスのみんなから笑われたので「言わなきゃよかった」と後悔しました。そして次に、「ぼくは宮内という名前だけど、父さんの小さいころは、丸山という名前でした」と得意になって発表しました。すると隣に座っていた女の子が「それはあんたのとこだけだよ」と言ったのです。「なんで知っているのかな?」と思いました。後からわかった話ですが、その子はうちの部落の隣町の子で、親や周りの人は部落の人のことを、「まるやまんしが」とひとくくりで呼んでいたようです。なにか「あなたたちと一緒にしないで」と言われたような気持ちになりました。

また、中学校のときの歴史の授業で、先生が当時の身分制の定説として、ピラミッドを描いて士農工商「エタ・非人」の説明をしました。その授業の最後に「もし、部落の人ならどんな気持ちになるか」と一人ひとりに質問したのです。みんなは「差別はしない」というありきたりなことを答えているなかで、私だけが部落の人間だとバレるとドキドキしていました。先生は「もし」という仮定の質問をしているけれど、私は部落の当事者なのです。結局、「ぼくがもし、部落の人間だったら嫌だと思う」と、ほかの子たちの言葉を真似て言いました。部落の子はクラスに私だけだったので、とても落ち込みました。

小・中学校での授業のときの体験をとおして、部落のことをマイナスにしか思えませんでした。

——先生はクラスに部落の子どもがいるというのを、知らないのですか。

私が部落の出身だというのは知っていたと思いますが、その後の授業のことはあまりよく覚えていません。

◉……学生時代

——中学校を卒業したあとは、どうしたのですか。

実家は太鼓屋をやっていました。私は小さなころから、太鼓屋になるのが夢でした。最初は、朝、保育園に行くときにも親父は寝ていたり、夕方に仕事場に遊びに行くとおやつをもらえたので、いいなと思ったのがきっかけです（笑）。中学校を卒業するまえに「太鼓屋の仕事をしたい」と告げると、「まだ早い、高校に行ってほかの仕事の勉強をしろ」と言われたので、次になりたかった保育園の先生になるため、保育科のある地元の高校に進学しました。

——部落に対するマイナスの気持ちはどうなりましたか。

私が高校に入学したころは、親父が部落問題の学習を本格的にはじめた時期でした。加配の先生がやたらと家にきて、親父と夜遅くまでお酒を飲んで語り合っていました。その先生は、私が進学した高校の先生ではありませんが、うちの部落の高校生の面倒を見てくれていました。その先生から、部落解放高校友の会（高友）という、鹿児島県内の部落の高校生が集まっている場があるので参加しないかと誘われました。部落のことで落ち込んでいた時期だったので、「行かない」と言い続けていましたが、「交通費が出る」という言葉に負けて高友に行ってみることにしました（笑）。

高友は月一回、部落解放同盟鹿児島県連合会（県連）の事務所で開かれていました。はじめて事務所に行ってみると、怖そうな高校生がいっぱいいるなかに、優しそうな子や気の弱そうな子など、学校ではグループにならないような人たちが同じテーブルに着いていて、異様な雰囲気を感じました。

加配の先生から、しゃべらなくてもいいと言われたので座って見ていました。すると高友の子たちは自分の生い立ちや、親が離婚しそうだという悩みをどんどん言うわけです。それを遠目で見ていた私は、「なんでこんな恥ずかしいことを言えるのか」と思いました。でも、二、三回通っているうちに、この人たちは本音で話しているという気持ちが伝わってきました。あるとき私が黙って聞いていると、「礼治は何しにここに来ているの?」と聞かれました。

そのころの悩みは、ほとんど部落のことでした。それを周りの高校生がどんどん掘り返して聞いてくるので、部落のじいちゃんから聞いたバス停の話、中学校の歴史の授業での質問のことなど、悩んでいることを全部言いました。そうすると、「なんだあ、おいたちも一緒よ!」といっせいに言われて、重たかった気持ちが洗い流されたように、とても楽になったのです。そのあと、すごく怖そうな高友の兄ちゃんたちからカラオケに誘われて、「人は見かけじゃない」とあらためて思いました（笑）。

高友の活動は土日に行われていました。学校では弓道の部活動をしており、高友の活動と重なる日は部活動を休まなくてはなりません。最初はなんて言おうか悩んでいましたが、高校二年生のころ、弓道部の仲間にはじめて「解放運動をやっている」と言いました。

その後、これまで言えなかった反動から、部落のことを知ってほしいと思うピークがきました（笑）。

学校で弁論大会があったので、それに出たいと先生に伝えました。先生から「その言葉を待っていた！」と言われましたが、部落問題をしゃべりたいと言うと、一瞬、空気が張りつめました。

弁論大会は、原稿を先につくって先生にチェックしてもらわなくてはなりませんでした。先生に原稿を持っていくと、そこには校長先生までいて、訂正をされました。ところが、言いたいことが削られたり、「なんで？」という訂正をされて腹が立ってきました。だから、弁論大会当日は黙って訂正前の原稿を読みました（笑）。内容は、これまで部落のことで落ち込んだこともあったけれど、今は差別に負けたくないという気持ちがあるし、悩みもあるということでした。

発表後、みんなはびっくりしていました。でも、なによりもうれしかったのは、クラスの悪い友だちから「お前、やんねぇ」と言われたことです。

――高校を卒業してから、どうしたのですか。

高校を卒業するまえにも、太鼓屋を継ぎたいと親父に言いました。すると今度は、社会をちゃんと見てこいと断られました。それで、保育士の資格を取るために熊本県の短大に進学し、保育園併設型の児童館でアルバイトをはじめました。

短大でも最初は、部落の出身だということを同級生に言っていました。県外だからかえって言いやすかったというのもあります。

短大では八つ年上で、三歳の子どもがいる同級生と友だちになりました。あるとき、彼の家で飲んでいて、酔いがまわってきたころに「礼治、お前は部落の人間だと言っていたよね」という話になりました。その人は、部落差別は絶対よくないと語ったあと「だけどよ、もしオレの娘の結婚相手が部落や障害を持った人間だったら、オレは反対する」と言うのです。矛盾していると伝えると、「オレは差別をしないけれど、周りが差別するから、結婚させることはできない」と言いました。

私は「これが差別なのか」と思いました。この人はとてもいい人で、友だちだから正直に腹を割って話してくれているわけですが、こういった意識が結婚差別を起こしてしまうのかと思いました。

またあるとき、数人の友だちと荷物運びのジャンケンをしたときに、勝った友だちが負けた子に「オレは勝ったから殿様で、お前は「エタ・非人」だ」と言ったのです。遊びのなかでランクを表すのに「エタ・非人」ということばを使っており、おかしいと思いましたが、楽しい雰囲気を変えてしまうと思うとなかなか言い出せませんでした。そういった短大時代の経験から、また、部落のことが言えなくなっていきました。

●……太鼓屋に対する思い

――短大を卒業してから、どうしたのですか。


アルバイトをしていた保育園にそのまま就職することができました。それから三年間、アルバイトの時期も入れると五年間、熊本の保育園で働きました。五年経つと、そろそろ責任のある役もまわってくるので、これ以上続けると辞められないと思い、親父に電話をすると、親父は今度は「わかった、帰ってこい」と言ってくれました。

同じ時期に保育園で知り合った女性と結婚しようということになりました。このときに、恐れていた結婚問題がついに自分にもくるのかと思って、本当に焦りました。

悩んだなか、鹿児島県連に相談すると、高友の学習会の資料が段ボールに入れられて送られてきました（笑）。これを読めということなんだろうけど、勉強するとある程度、理屈としては話すことができますが、周りに仲間がいないので不安でした（笑）。

彼女は焦っている私を見て、「私が聞いてきてあげる」と実家に行って話をしてくれました。結果は大丈夫だったということで、母親からは「今時、そんなナンセンスなことを言いなさんな」と言われたようです。すごく悩んでいたので、ほっとしました。結婚して一二年目になりますが、彼女の両親や親戚《しんせき》の人たちから差別を感じることはありません。お義父さんは「礼治くんは解放運動をやっている」と周りにも紹介してくれます。

――はじめて彼女に伝えたときは、どうでしたか。

はじめは言わずに付き合い、結婚を考えたときに伝えました。彼女は小学校のころから部落問題学習や人権学習、平和学習にかなり熱心に取り組んでいた学校で育ったようで、それもあってか彼女は、部落差別はよくないという思いでした。

たしか、「関係ない」と言われた記憶があります。「関係ない」という言葉にはいろいろなニュアンスがあるのですが、私はいいようにとらえました（笑）。

ただ、うちの親父からは「部落と言う必要はない」と言われました。私はわかってほしかったら伝えないといけないと思っていたので、親父の考え方は今もよく理解できません。

そんな経緯で何事もなく無事に結婚できたので、彼女と一緒に鹿児島に帰って、太鼓屋の修業をはじめました。

――太鼓屋の修業は、どんなものですか。

太鼓の胴を紙ヤスリで磨いたり、紐《ひも》を作るといったかんたんな作業は、これまでも手伝いとしてやってきました。ただし、皮を削ったり太鼓に皮を張るという作業はできない仕事だったので、見ているだけでした。それでも小さいころから見てきたので、ある程度の工程はわかっていました。

太鼓屋になって最初の仕事は皮を縫うことで、皮を削ったり張ったりするのは、さらに二年ぐらい経ってからです。言葉や手本でいろいろ教えてくれるのですが、コツをつかむためには、自分で何度も経験を積まなければならないと感じました。

――一人前になるのに、どのぐらいかかるのですか。

仕事は五年ぐらいで覚えることはできるけど、自分もまだ一人前ではないと親父は言っていました。本家の宮内太鼓店は一〇〇年近くの歴史があります。親父は二五歳ぐらいのときにその太鼓屋に入り、そして今から一八年前に独立して宮丸太鼓店となりました。宮丸という名前は、親父の苗字である宮内に、昔、部落の人たちの名前であった丸山を合わせて、宮丸太鼓店と親父が付けました。そこに私が入り、二年前に親父が亡くなったので、今は私が継いでやっています。幸い親父の元で、一〇年間修業ができました。

高校生のころ、親父に太鼓屋のことをいろいろ聞くと、穢《けが》れているという意識を周囲から感じることもあったそうです。昔は三味線の胴の張り替えなどもしていたので、近所の猫がいなくなったら「お前たちが捕った」とからかわれたり、太鼓を納めるときに家にあげてもらえなかったり。それでも太鼓屋は必要とされて注文がある、そういうおかしさだとか、怒りを抱えて生きてきました。でも、そんな穢れ意識を上回るほどの洗練された職人として、生き物を生かす仕事だという誇りを持っているという話を聞いたとき、「太鼓屋はかっこいいなあ」とあらためて感じました。

そして最後に親父は「でも、太鼓屋で家族が食えなくなったら、太鼓屋は辞めるけどね」とも付け加えました。これらの話をひっくるめて、太鼓づくりの「つくり手」の想いや技術にあこがれ、皮革産業である太鼓屋を継いで今年で一二年目になりました。

●……伝えたいこと

――学校などで講演もされているようですね。

講演をしたのにはきっかけがあります。太鼓屋の前の道が小学校の通学路なんです。あるとき、私が太鼓を作っていたら小学生の女の子が三人やってきて、「なにやってるの?」と聞かれたので、太鼓を見せてやりました。すると「おじさん、太鼓って何でできてるの?」と聞いてきたので、「牛の皮だよ」と見せてやりました。するとその子たちは、「牛を殺しているの」「かわいそうだよ」とすごくショックを受けたようです。彼女たちに、太鼓屋に対する誤解が生まれたと思うと、ちゃんと説明できたらよかったなと後悔しました。それから、登下校のときにその子たちと顔があったときは、「肉を食べたあと、残ったものでバッグや太鼓を作っているんだよ」という話を何回もした結果、(強引ですが)「もうわかったから!」と言ってくれました(笑)。

誤解が偏見となり、噂《うわさ》となって差別になっていきます。その誤解を生む前に、その誤解を解くために、学校で講演をするようになりました。

――どんなお話をするのですか。

太鼓作りの道具一式をもって行って、実際に太鼓を作ります。それで太鼓の皮を子どもたちにさわらせたり匂いを嗅《か》がせると、子どもたちは正直に「うわあ〜くさい」とか「汚〜い」と言います。でも、「さっきくさいとか言ってたけどさあ、太鼓屋さんは太鼓のできあがりが問題であって、臭いは問題ないんだよねえ」とつぶやきながら、太鼓を作っていきます。私は正直に、牛の命は犠牲になっている、命を奪っているということを伝えます。牛の命をいただいて、いろいろな食べ物やモノになっていく、そして太鼓屋さんがあるんだよと教えています。また、太鼓やバッグ、肉や肥料などいろいろなものを逆戻りさせ、今度は牛一頭になる話をすると、子どもたちは食い入るように太鼓作りを見てくれるようになります。最終的には、この人は授業で教えてくれないことを話すぞという感じで目がキラキラし、「くさい」と言っていたときの態度と明らかに変わります（笑）。太鼓屋に対する穢れ意識をひとつでもなくしていきたいです。

――子どもはいますか。

中学校二年生と小学校一年生の子どもがいます。今は部落に住んでいるわけではないので、上の子どもは子ども会の学習会に参加させたことはなくて、私が部落を知ったキャンプにも参加していません。でも、私が青年部で活動していますので、いろいろな資料をテーブルに置いているんです。それを上の子は少なからず見ていたようで、小学校六年生のときの夏休みの自由課題で、差別のことを書くと言ってきました。「じゃあ、その後すごいことを教えてやる」と言ったら、「うちが部落なの？」と返ってきました。まだ自由課題を書いていなかったから、「さあね」とはぐらかしたのですが、その言い方がよくなかったのか、そのあと聞いてこなくなりました（笑）。でも、子どもなりに差別の問題には興味があるようですし、私が親父に聞いてしまったという、あの状況を作りたいと思っています。かしこまって「お前は部落の人間なんだぞ」と言うのではなく、自然に話ができる環境に誘導してあげたいと思っています。

最近、子育てのことについては、反省していることもあります。地域には昔から、あるお祭りがあって、それは昔の戦を賛美するような内容なのです。でもこの地域にとっては有名なお祭りで、学校行事やＰＴＡ行事として子どもも参加しなければなりません。私は、戦を賛美するような祭りに子どもを参加させたくなかったので、学校には子どもを休ませると言いましたし、ＰＴＡの親たちにもそう話しました。しかし連れ合いは、自分の子どもだけが祭りに参加していないことや、ほかの親たちから煙たがられていることを肌で感じていたようです。話し合いをして、結局、お互いの気持ちを尊重し合おうということになりましたが、二人のあいだではそれでよくても、そこに子育てが入ってくるとむずかしい問題です。

この悩みを解放同盟九州ブロックの青年部で打ち明けると、「連れ合いさんのことを考えてない」と、しこたま怒られました(笑)。今思うと、自分の想いばかりを伝えて、相手の気持ちを考えていなかったと反省しています。

――青年部の活動もしているのですね。

この一〇年間、少しずつですが鹿児島県の各地域に行って、「集まることが大切」という話をしています。その成果もあってか、今、鹿児島は高校生や青年部の活動が盛り上がってきています。

でも私のように、他県に出てから差別に出合ったり、外に出たあと結婚差別を受けた仲間もいます。運動でつながりのある長崎や福岡の青年に、「こういう子が鹿児島から行くから」と頼んだり、逆に鹿児島に来る子を紹介してくれるよう連絡は取ってはいますが、県外から来た子とのつながりがないから、まだ成功はしていません。そんな関係を作っていければいいと思います。

また、私が解放運動できるのは、自営業なのが大きいです。弟はホテルの従業員だから、お客さんが差別的な発言をしたところで、食ってかかるわけにはいかないという悔しさがあるようです。兄も看護師をしていて、患者が地元の部落について、よくない話をしているけれど、黙って聞くしかないと言っています。

――宮丸太鼓店のホームページのトップに、「従業員は部落解放同盟に所属し、部落問題やあらゆる人権問題に取り組んでいます」と書いてあるのは宮内さんのアイデアですか。

はい。ホームページは七年前に作りました。親父から一任されたので、最初に「部落解放同盟所属」と入れました。「これを見てなんか思う人もいるかもねえ」と親父に相談すると、「だよねえ」と言っただけで「消したほうがいい」とは言いませんでした。

ホームページから注文が来たりもしますが、部落の話題を一度もされたことはありません（笑）。従業員は部落解放同盟員と書いていますが、ホームページを作った当時は親父と二人でしたし、今は私ひとりです（笑）。ホームページからこの部分を削除したら、注文が増えるのかどうか、今後、比較してみようかな（笑）。

でも、解放運動をしている太鼓屋さんは、ほかにいないのかなぁ。いれば、そういう人たちとつながって、なにかできるといいなと考えているのですが……。

そういう希望も込めて、ホームページはしばらくこのままにしておこうと思います（笑）。

――ありがとうございました。

インタビュー……二〇一一年五月

きょうだいたちは私が守る

渡辺龍虎……一九八七年生まれ

福岡・北九州の地元の青年部で活動しながら高校生の活動にもかかわっている渡辺龍虎さん。なぜ、青年部活動や高校生の活動に参加するのか、お話を聞いた。（編集部）

●……部落問題との出合い

――生まれたのは、どちらですか。

生まれたのは京都です。父親が朝鮮籍の在日で、京都で建設業をしていました。母親は北九州市門司《もじ》の人で、母親の母親、私のおばあちゃんは門司で飲食店をしていました。店には在日のお客さんがよく来たようで、酔ってアリランをうたって帰ってくるような人だったので、両親の結婚に際しては差別はなかったようです。

母親も父親も部落の人間ではありません。母親が小さなころにおばあちゃんは離婚したので、シングルマザーの家庭で育ち、おばあちゃんも若くして亡くなったので、母親は京都に出て仕事をするなかで父親と出会ったそうです。

ところが、私が生まれてすぐに父親の事業が失敗したため、母親の地元である門司に身を寄せることになりました。だから私には京都での記憶はまったくありません。

父親はいろいろと問題を起こし、事件にもなって、身を隠しているような状況でした。そんなとき、部落の保育所保護者会のYさんと出会い、生活支援を受けるなかで、地域に誘われるかたちで門司の部落に住むことになりました。

——どんな家庭でしたか。

小さなころは、なにかあったらすぐに父親の手が飛んできました。フライパンで叩《たた》かれたりお風呂に沈められたり、今でいうと虐待ですよ（笑）。うちのアパートのひとつ下の階が友だちの家なのですが、夏場に窓を開けていると父親の叫び声がしょっちゅう聞こえたと、よく言われました。きょうだいは上に姉がひとりと下に弟がふたりいますが、父親は長男の私によく手をあげました。

地域の人たちが、たとえば私が父親に叩かれ蹴られながら、朝に缶コーヒーを買いに行かされるのを見て、Yさんに報告に行くわけです。そうするとYさんが父親を叱《しか》るというかたちでした。小さいころはこれが当たり前という感じで、よそと比べて父親が厳しいくらいでしか受け止めてなかったですね。

——部落問題や在日であることを知ったのは、いつですか。

物心つくときから、親から自分は在日であるというのと、住んでいるところが部落だと言われてきました。だからいきなり知ってショック、ということはありません。

また、地域には解放子ども会があって、親から行けと言われ、行かなければ怒られるので小学校のときはきょうだいで参加していました。子ども会活動をしていた児童館には部落問題の本も普通にありました。子ども会活動で印象に残っているのはビラ配りです。生活のことや、いじめのこと、差別のことについて思っていることを書いて、狭山事件の節目の日である五月二三日[*1]と一〇月三一日[*2]の朝の登校時間に同級生たちに配りました。低学年のころは子ども会の指導者に言われたことを書くような感じで、あまりわかっていませんでしたが、高学年になると自分たちが書いたビラが校内に捨てられているのは気になりました。

――ビラ配りなどは学校の先生が指導するのですか。

いいえ、学校の先生が指導をすると組織的にややこしいようで、基本的には保護者会と子ども会の指導者が行っていたようです。子ども会の活動は、部落の友だちがたくさん来ていたので楽しかったです。

●……部落の活動

――中学時代はどうでしたか。

部落のなかには中生会《ちゅうせいかい》という集まりがあって、月曜と水曜は学校の勉強を、木曜は人権の学習をやりました。

人権の学習でいじめや差別の話をしてきたと家に帰って言うと、母親から、あなたの父親も在日で家が貧しかったから小学校四年生のころから働いていたと、父親の生い立ちを聞きました。また、私はたまたま結婚した相手が在日だったけれど、あなたたちは将来なにかあったときに「助けて」と言える仲間がいると状況が変わるから、仲間をつくりなさいとよく言われていました。

＊1 五月二三日…一九六三年に生じた狭山事件で、石川一雄さんが逮捕された日であることから、狭山事件に関するさまざまな取り組みが行われている。

＊2 一〇月三一日…一九七四年一〇月三一日、狭山事件の刑事裁判において、東京高等裁判所が石川一雄さんに「無期懲役」の判決を下した日。五月二三日同様、狭山事件に関するさまざまな取り組みが行われている。

――高校生活はどうでしたか。

高校を卒業したら自動車関係の仕事に就きたかったので、門司区内の自動車科のある高校に通いました。

高校では、部落解放研究会の福岡県内の連合組織である高部連《こうぶれん》の集まりが月一回ありました。それに誘われたので参加しました。高部連では、高校のなかの問題や家庭のことなどを本音で話していたので衝撃を受けました。先生に文句をいうだけ言って外に出て泣いている子がいましたし、家庭や部落のことをほかの子に突っ込まれて、泣き出して過呼吸になったりしている子がいたので、はじめは「ここは、なんなん？」と思いました。最初は夕方五時に終わると聞いていたのに、終わったのは夜の九時でした。

部落解放全国高校生集会（全高）にも参加をしました。地域によってはあからさまな差別があることも知りましたし、そのとき参加した生徒は家が経済的に苦しい子が多かったので、おのずと家庭の話になりました。

「そこまで言っちゃう？」というような言葉のナイフが飛び交い、ぐさぐさと心に突き刺さることもありましたが、終わったあとはさっきはごめんねという感じでした（笑）。傍《はた》から見ていても本音で話しているというのがわかり、おもしろかったです。

一方、地元の部落には高校生友の会というのがあって、そこに参加したのは私だけでした。

中学生までは地元のおじちゃんやおばちゃんが面倒見てくれましたが、高校生友の会は高校の先生が見てくれました。複数の高校から先生が来ていたので、私ひとりに対して五人の先生が指導するというかたちでした。姉は学校の友だちと遊んで来なくなりましたし、弟ふたりは中学校を出たあと働きましたから、作文を書くのも家の話をするのも、五対一で結構きついときもありました。

ただ、よい先生ばっかりだったから、父親のことを考えるようになったのも、その先生たちのおかげだと思います。小学生、中学生ぐらいのときは、やっぱり父親のことがあまり好きじゃなかったんです。それなのに先生たちは父親のことをずっと聞いてきて、最初はなんでそんな嫌なことばっかり聞くの？　と思っていたのですが、今から考えるといろいろ聞いてもらえたから父親と向き合おうとしたのだと思います。

ところが、高校三年生の春、父親が交通事故で亡くなりました。結局、父親とは在日のことをまともに話せなかったので、それが今も自分のなかでひっかかっています。なぜ、部落の子ども

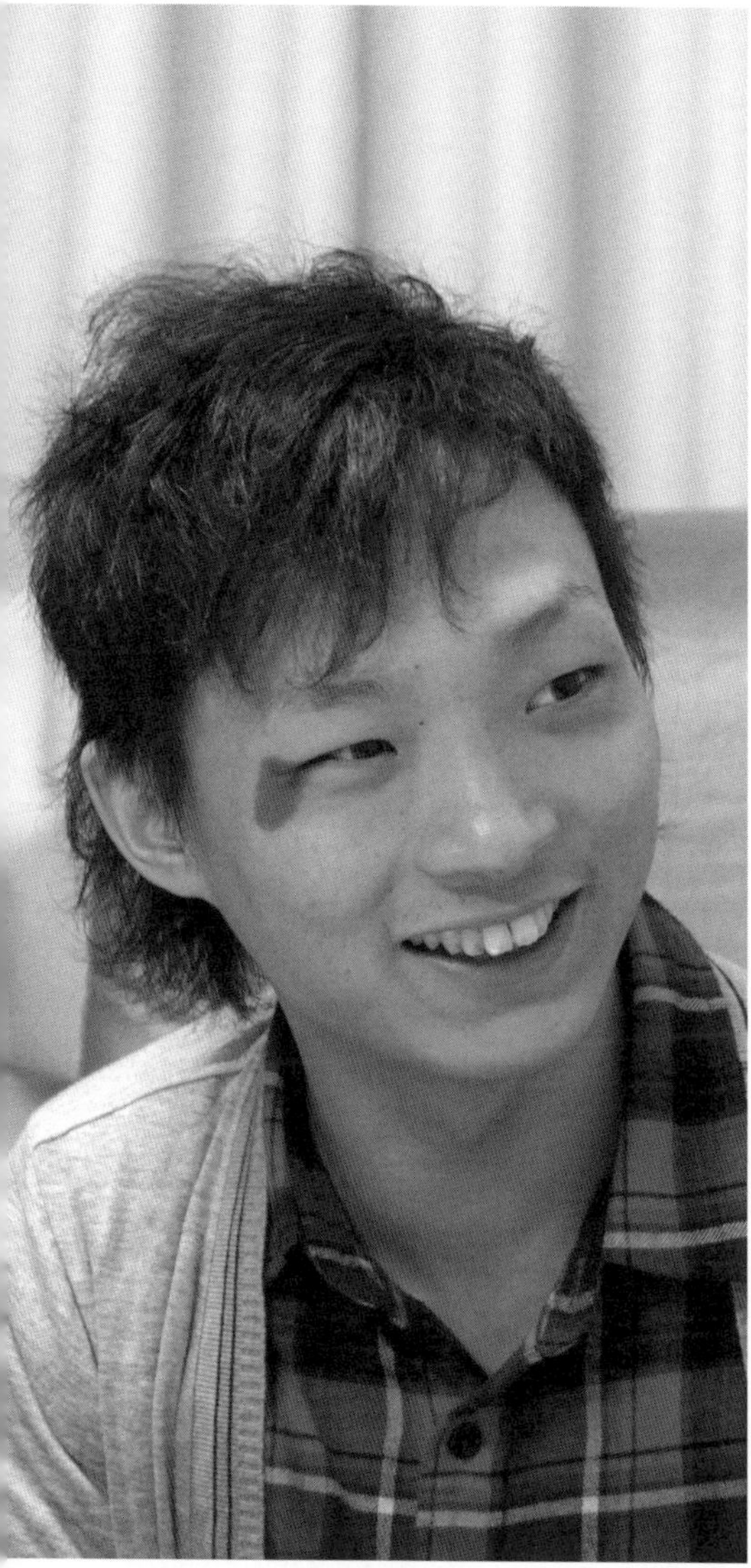

わたなべ りゅうご さん

会に行けと言い続けていたのか、部落解放運動のなかで在日の問題を考えようとしたのか、もう闇《やみ》の中となりイタコさんを呼ばないとわかりません（笑）。でも、私が部落解放運動をやっていることはすごくうれしそうでした。

あるとき、高校生友の会の活動中、高部連の友だちからいきなり「死にたい」というメールがきました。それを先生に相談すると、今から会いにいこうとなりました。車で三時間ぐらいかかるところで、夜中の二時にたどり着いたのですが、そうやって最後までついてきてくれた先生もいました。

差別で印象に残っているのは、地域に差別ハガキが届いたことです。今ではネットなどでそれがザラになっていますが、そのときはこんなところにも部落差別がくるのかと思い、ショックを受けました。

●……在日の活動

——在日の活動はどうでしたか。

福岡には朝鮮文化研究会（朝文研）というのがあり、私の高校の先生ではありませんでしたが、ほかの高校の先生から誘われたので、高校一年生の夏休みに参加しました。

初めて参加したのは、在日の高校生の交流を深めようという目的の二泊三日のサマースクールでした。サマースクールでは班分けをしてカレーを作ったり、朝鮮学校の舞踊など文化にふれたり、運動会をしました。行事の合間には班討論があり、そこで在日に誇りをもとうといきなり言われ、その空気がなじめなかったので、そんなことを言われても誇りをもてないと返しました。

その発言が問題になり、サマースクールを運営していた先輩から呼び出されて、「なんであんなこと言ったの?」と聞かれ、いろいろ話をしました。

高校一年生のころはなにか違和感がありました。それは押しつけがましく言われるのが嫌だったという、あまのじゃく的な部分もありましたし、私は在日でも、そのときには両親は離婚して母方の日本国籍だったから、名前を向こうの読み方であるリ・リョンホと言っていいのかどうかという悩みもありました。

名前のことについては、今もまだ答えが出ていません。部落の青年部の人からは、たまにリくんと呼んでくれたりはしますけど。

——その違和感は続いたのですか。

サマースクールが終わったあと、全国的な規模で開催されているウリ文化祭[*3]に誘われて、開催地である大阪に行きました。在日うんぬんというより、ドンチャン騒ぎが楽しかったという感じでしたが、そこで在日の友だちができました。その友だちに朝文研に誘われたので、朝文研に毎回参加するようになりました。

朝文研では、本名で学校に行くのか通名で行くのか、国籍についてどう思うのか、結婚相手は在日と日本人、どちらがいいのかという話をしていました。でも、私が高校一年、二年のころは本音で深く話していないと思っていました。話し合いのときはみんなシュンと静かになり、終わったとたん元気になるというのが好かなかったのです。高部連ではみんな泣きながら本音で話しているのを見てきましたから、余計そう感じたのかもしれません。

高校三年生になると朝文研の会長を私がすることになりました。そこでやりたいようにやろう

＊3 ウリ文化祭…「日本の諸学校に在学する韓国人・朝鮮人学生等の奨学援護を行うとともに、学術奨励と研究助成を行い、もって有為な人材育成と国際交流に寄与することを目的とする」朝鮮奨学会が主催する文化祭。正式名称は「ウリ高校奨学生文化祭」。一九七九年から年に一回開催されている。

と思い、話し合いもすべて自分のペースで行いました。また、会があるときだけ集まるのではなく、プライベートでも集まったりするなかで、普段は自分を出さない子が急に意見を言うようになったり、そんなふうに変わってきました。

◉……カミングアウト

――学校では部落や国籍のことは言っていたのですか。

親しい友だちには普通に話していましたが、クラスの子すべてにはとくに言っていませんでした。

私が高校一年生のころ、サマースクールの写真を友だちに見せていると、自動車科はだいたい男ばかりでしたので、女の子が写真に写っていると「誰なん?」という話になって、クラス中に広まりました。そうしたら、私のことを在日と知らないクラスメートがたずねてきたので、在日の女の子だと説明すると、「韓国人? 汚ねえやん」という発言をしたのです。頭の中が真っ白になって、それに対してなにも言い返せませんでした。

そのことを高校生友の会で打ち明け、話し合いをするなかで、その子は写真に写っている子に対して言ったのかもしれないけれど、在日みんなに対して言ったのと同じだと思いました。そして学校で立場宣言をしようと思う、と高校生友の会の先生に言いました。

担任の先生や同推の先生とも話をすると、ある先生から「あなたが立場宣言をするぶんにはかまわないけれど、お姉ちゃんは大丈夫なの?」と言われました。

そこでお姉ちゃんに立場宣言していいかと聞くと、最初は「あんたが勝手にすればいい」と言っていたのに、差別に遭《あ》うかもしれないことを伝えると、「絶対にダメだ」（笑）と言われたので、立場宣言はあきらめました。

——差別発言をした子はどういう意図で発言したのでしょうか。

私が高校生のころは、朝鮮（朝鮮民主主義人民共和国）による拉致《らち》問題が明るみに出て、ミサイルの問題が大きく報道されていた時期でした。

だからこれまで朝鮮や韓国のちがいすらわかっていなかった子まで、朝鮮に対する眼差《まなざ》しが一気に厳しくなりました。

私が小学校のころも、朝鮮学校の子のチマチョゴリが切られる事件があったから、朝鮮がミサイルを発射したときは、朝鮮学校の友だちが心配になってすぐにメールしました。

朝文研でも話し合いをもちましたが、そのときは資本主義だの共産主義という国家体制の話になって、高校生だったからちんぷんかんぷんで（笑）。でも、朝鮮に対する眼差しが怖いという気持ちでした。

——結局、立場宣言はしなかったのですか。

いいえ、高校三年の卒業直前にクラスのなかで立場宣言をしました。卒業前の朝文研の集まりで、在日のことをカミングアウトしているかという話になり、親しい友だちには言っているけれど、クラス中には言っていないというと、メンバーから「あんた、それで会長なん？」と言われました（笑）。クラスのなかで立場宣言することを、すっかり忘れていたのです。

それで卒業前日のホームルームで先生に「ちょっとだけ時間をくれん？」と言って、なんのアポも相談もなく、自分が在日であることや部落に住んでいることを言いました。

そのときはほとんど頭の中が真っ白だったからあまり覚えていませんが、「みんなも社会に出て、オレと同じ立場の人間と出会うかもしれんけど、そのときは差別をしたりいじめとかせんでほしい」という内容だったと思います。これだけは、ちゃんと言っておかないといけないと思いましたので。

――みんなの反応はどうでしたか。

次の日が卒業式だったので、反応をみる間もなくて、もう少し早く言っておけばよかったと、それが一番心残りです（笑）。

◉……青年部活動

――卒業されてからどうしたのですか。

自動車関係の仕事をしたかったけれど、整備士になろうと思えば資格が必要でしたし、生産ラインの仕事は本当に給料が安かったので、建設の会社に入りました。

でも建設業は入札の競争が激しくて、仕事がないときはずっと自宅待機です。日給制ですから、自宅待機が続けば大変です。二年前のリーマンショックのときは、現場があっても銀行がお金を貸してくれなくて資材が購入できず、月の出勤日が二日、三日しかありませんでした。また、東日本大震災後は現場があっても、東北の復興特需の関係で材料が手に入らなくて大変です。

――現在はなにか活動をされているのですか。

毎週木曜日に部落の青年部活動をしていて、今は私が部長です。幸い今の会社は現場が地元だけなので、青年部活動に参加できるのが唯一のとりえです（笑）。

今は青年四人、高校生三人で活動しています。

——なぜ、青年部活動をしているのですか。

私が高校生のころは、いろいろな話を聞いてくれる年の近い人がいませんでした。家庭の話や差別発言の話し合いも、五人の大人に対して私ひとりだったので、下の子たちには自分が話を聞いてやりたいと思っています。だから活動では極力、高校生にかかわっていて、手の貸せることはできるだけしてやりたいと思っています。やっぱり私も気軽に相談できる兄ちゃん、姉ちゃんがほしかったです。

それと私のきょうだいは、部落や在日という問題にまったくかかわってきていないので、きょうだいになにかあったときに、一番助けになる人間が近くにおらんといけないと思っています。うちはきょうだいみんな仲がいいです。なんせ昔は、父親という名の大きな敵がいましたから、団結しているんです（笑）。

——活動をしていて、悩みなどありますか。

高部連には今、地区外の子も参加していますが、青年部が高部連活動のオブザーバーもしています。そのなかで地区外の子たちに部落問題をどう伝えたらいいのか、むずかしいと思っています。部落の歴史や差別の実態などを教えるのはかんたんですが、差別に対してあまり怒りがないのです。差別する人はほっておいたらいいとか、部落差別に関しては、どこか他人事のような感じがするのです。私たちはそこに突っ込みたくなるのですが、基本的にOBという部外者なので、高部連の子たちみずからが気づいてくれるように遠回しに言わなければなりませんので。

障害者差別の問題となったら、みんな積極的に取り組む姿勢は見えるのですが、部落問題に取り組む高部連なのに、部落問題はあまり……という感じなのです。

また、在日の友だちに、私がしている青年部の活動の話をしたとき、「部落問題は私には全然関係なくない？」と言われて、どう説明しようかなと思いました。結婚差別の問題を在日に当てはめて説明しましたが、そういうことがあったので下の子には自分の立場の教え方、伝え方をしっかり考えないといけないと思いました。

私は、高校のときの差別発言に言い返せなかったというはがゆい思いをしていますので、下の子には少なくとも聞かれたときは答えられるようになってほしいと思っています。

――立場宣言は今もやっているのですか。

高部連では今はもう、立場宣言という言葉は聞きません。ただ、在日のほうでは民族宣言をするという話はよく聞きます。

――結婚はされていますか。

それも悩みですね。今日生きるのが精いっぱいで、相手も見つかりません（笑）。職場も男性ばかりだし、出会いがありません。

また、彼女に立場を伝えることを考えると、高校のときの立場宣言でも思ったのですが、私は部落と在日の二つも言わなければなりません。やっぱり自分が説明しきれるかどうかが一番不安です。いろいろと言葉も選ばないといけないし、タイミングもむずかしいでしょうし、向こうの親の問題もあるだろうから。

ただ、在日の子と結婚できたら楽だろうなとは思います。

でも、一番むずかしいのは、相手を見つけることです。青年部活動も大変ですけど、婚活のほうがもっと大変です（笑）。

◉……伝えたいこと

――伝えたいことはありますか。

同じ立場の高校生に伝えたいのは、高校までは学校内であったことは先生たち大人が守ってくれるけど、社会に出たら誰も守ってくれる人がいないということです。

だから自分がきつい立場に追い込まれたとき、助けてと言える仲間がいなければきついよと言っています。本当はそんなことがないのが一番いいのだけど。

私が今しているのは「あるかもしれない運動」なのかもしれません。

きょうだいも結婚するときに差別されるんじゃないかって言ってるんですけど、「差別に遭ったら兄ちゃんに言ってきなさい」と言っています。

私がいる、というのを伝えたいですね。

――ありがとうございました。

インタビュー……二〇一二年五月

ダブルの私から見える部落問題

兵庫で、部落出身の父と韓国人の母とのあいだに生まれた瀬戸徐 映里奈さんは、小さなころから出自や民族を隠せと言われて育ってきた。その彼女が今、部落や民族と向きあう生き方を選んでいる。これまでの経緯を聞いた。（編集部）

瀬戸徐 映里奈……一九八六年生まれ

●……部落問題との出合い

――生まれたのは、どちらですか。

兵庫県姫路市のいわゆる一般地域で生まれました。父が兵庫県のT地区という部落出身で、実家は代々続く皮屋です。部落にずっと住んで自営で皮屋をしていたので、近隣地区で瀬戸という名前を言えば、わかる人には部落の人間だとすぐにわかるようです。家庭の事情で姫路に引っ越したあとも、父は市内にある皮革工場に勤めたのですが、勤め先のある部落からは離れたところに住みました。引っ越しを機に、部落出身であることを隠したかったのだと思います。そういうわけで、私自身は部落に住んだことはありません。

父や祖母は姫路に移っても名前には敏感で、クラスに同じ名前の子がいれば、「どこの出身やろか」と気にしていました。祖母は温泉や健康ランドに遊びに行くとき、本名ではなく仮名を使用していました。倒れたり、何かあったら大変なのに、そうまでして自分の名前を隠していました。

私の母は韓国人です。当時、韓国に出張することの多かった父と出会い、結婚のために日本に移住しました。日本で生活して二七年ほど経ちますが、現在も韓国籍で帰化はしていません。

——自身のルーツが部落で、母が韓国人だというのは、いつごろ気づいたのですか。

母は今もそうですけど日本語が下手で、母の親戚《しんせき》と電話で話すときは朝鮮語[*1]でしゃべっていたので、日本人ではなく韓国人だということは物心ついたころからわかっていました。

部落のことに気づいたのは、小学校にあがったときでした。「絶対に父が皮屋で働いていることを言うな」と祖母や伯母に言われて育ちました。たとえば、学校の先生や友だちに「お父さんは

せと そ えりな さん

＊1 朝鮮語、朝鮮人…ここでは、朝鮮半島出身者という意味で、「朝鮮語」「朝鮮人」と表記している。

何してるの？」と聞かれたら、サラリーマンと答えなさいと言われていました。

父は差別に関することでは、伯母や祖母にくらべるとあまり口うるさいほうではありませんでした。ですが、娘が部落出身であることが学校でバレないように、いろいろと気を使ってくれていました。たとえば、学校の授業参観や個人面談があると、母は日本語があまりわからないので父が行くことになるのですが、染料がついた手を見られると皮屋であることがバレてしまうので、父は個人面談の一週間や二週間前から手を洗ってスタンバイしていました。なので、うちのお風呂には、ずっと砂入石鹸がありました。本当になかなか落ちない汚れなので、どんなに洗っても手には若干染料がこびりついているのですが、個人面談の前日にはかなりきれいになっていました。「これでバレへん！」と私に誇らしげに見せてくれたことが思い出深いです（笑）。

また祖母は、「うちはヨッツ[*2]やからな〜」とか「皮屋いうたら差別されるんや」と、孫である私やいとこたちに面と向かって言っていました。はじめはなんのことかわかりませんでしたが、小学校五、六年生になるころには部落出身で皮屋という職業だから差別されるということがわかっていました。でも、小学校のころは、なんで職業や地名で差別されてしまうのか、ずっと不思議に思っていました。

中学生のとき、ある親戚が日本の歴史関係の本を勧めてくれたので読むと、そこには近世の部落差別の問題と、日本独特の穢《けが》れ観のことが書かれていました。なんでこんなことで差別をされないといけないのかという反抗心みたいなものをもちましたが、小・中・高校では部落差別や部落出身であることはほとんど口にしなかったですし、機会もありませんでした。

＊2 **ヨッツ**…部落出身者に対する蔑称。皮革業など、生業として四つ足の動物をあつかってきたことが由来と考えられる。

●……家庭のこと

——お母さんが韓国人というのは、どう思っていましたか。

母が韓国人だというのは、部落よりは周囲に言っていました。友だちのあいだで韓国人について悪い話題があがったときは、自分の母親が韓国人だと伝えるときもありました。そうすると、表面的かもしれませんが、良くないイメージを訂正してくれる子もいました。

言葉や民族が違うわけではない部落のことは、どう説明すればいいのか難しさがありました。

——お父さんとお母さんの結婚はどういう出会いですか。

あまり詳しく教えてくれませんけれど、父は結婚差別を経験したことがあるようです。一般地区の日本人女性との結婚が難しいなら、韓国から嫁さんをもらってもいいという考えもあったようです。当時は、今とくらべて韓国から日本への渡航は簡単ではありませんでした。韓国に出張していた父が母と出会って結婚し、配偶者ビザを申請して、母は日本に定住することになりました。

部落を隠せというのと同じで、母の民族も隠すように言われていました。韓国人との結婚は親戚たちからとても反対されましたが、見た目ではわからないため、外国人に対する差別を避けることができる、というのも結婚が許された理由のひとつだったようです。そんなわけで、祖母や伯母は、母が外でチマチョゴリを着たり、朝鮮語をしゃべったりすることを禁じました。キムチのニオイにも気をつけるように注意されていました。私も、あまり家に友だちを呼ばないように言われていました。その言いつけはあまり守らなかったのですが……。

日本では父の親戚しか生活の頼りがいないのに、生活習慣の違いや言葉の問題、日本社会における朝鮮人[*1]に対する差別に直面した母の生活は、とても孤独だったのではないかと思います。また、母は病気がちなため家事ができなくて、料理やゴミ出しなどはずっと父や祖母がやってきたので、我が家においては母の立場は本当に弱いです。

また、母は日本語が下手であまりコミュニケーションがとれないので、今も部落のことをちゃんと知っているのかどうかは謎ですね。

——お父さんは部落問題や解放運動についてどう思っているのでしょうか。

あまりふれないのですが、たまに感情的になったときに言いますね。結婚差別のことも、すべては言いませんけども、ポロポロと。

私が大学に入ってから、調査研究などでT地区の隣保館などに行くときがあります。そのときは、「そんなことしても変わらんぞ」「どんなにがんばっても同じや」みたいなことをよく言われました。

一般地区に住んでいる同級生の友だちが大学に進学するなか、父は高卒でずっと働き続けてきました。T地区に住んでいたので、部落出身であることも隠さず（隠すことができず）、学生生活をおくっていたのだと思います。そういうなかでどういう差別があったのかはあまり教えてくれませんが、級友たちとは良好な関係を築いていたようです。生まれは部落で仕事も部落産業[*3]で「自分は逃げられない」けど、娘は「逃がしてあげたい」という気持ちがあるように思います。父が小学生のころは、隣保館で学校の先生から部落出身の子どもたちだけ勉強を教えてもらったこともあったようですが、高校卒業後は部落解放運動と距離をとって今まで生きてきました。

＊3　部落産業…歴史的に部落で育まれた産業。皮革業・食肉業・履き物業など、地域によってさまざまな種類の産業がある。

ただ、父自身は、伯母や祖母ほどは部落出身であることを隠そうとはしてないようです。ここ最近ゴルフに行くようになって、この前、一緒に連れて行ってもらったら、親しいゴルフ仲間には皮屋に勤めていることを言っていました。父なりの仕事の誇りや差別に対するいろいろ複雑な気持ちがあるのだろうと思います。

●……学生時代

——学校で部落問題について教えてもらったことはありますか。

小学校は公立、中学校・高校はキリスト教系の私立の学校に行きました。部落問題については、いっさい教えてもらった記憶はありません。ただ、キリスト教系の高校でしたので、ハンセン病の問題や釜ヶ崎の労働者の問題、平和教育などは社会問題として習いましたけれど、在日朝鮮人についてもふれられたことはありませんし、今から考えると部落や在日朝鮮人の問題は避けていたんじゃないかなと思います。たぶん、地域的にも教室のなかに当事者が多く、取り上げるのが面倒な問題だったのではないでしょうか。

キリスト教系の私学は、自分の学力とみあったところを自分で選んだつもりですが、伯母たちの勧めがきっかけでした。市内に住んでいるいとこはみな私学に行きました。別の部落に住んでいる親戚のおばさんから、「あんたは一般地区の学校だからよかったけれど、部落の子らは解放学級で小学生のときから部落出身であることを自覚させられるのよ。あなたはまだ、いいじゃないの」と言われたので、私学に進むようにうながされたのは、そういう取り組みのない学校へ行って、部落問題を避けたいという理由があったのかもしれません。

学校で部落について話題にのぼることはほとんどありませんでした。ですが、ある芸能人が市内の部落の出身で、あそこの地域に住んでいたということが話題になることがありました。もちろん私が部落にルーツがあることをまわりは知りません。その話題になったときは、内心結構ドキドキしていました。部落のことを級友たちが知っていて気にしていることを、確信させられた瞬間でした。

私は部落に住んでいたわけではないので、部落の文化などは知りませんでした。たまに祖母が煮こごり[*4]を作って、「懐かしい」と言って食べていました。私は煮こごりのことを「肉ゼリー」と呼んで本当に嫌いだったので、友だちに肉ゼリーの愚痴をこぼすこともあったのですが、誰も知りませんでした。わかる人にはそれで部落とバレるのですが（笑）。

――大学ではどんな問題に取り組んだのですか。

亡くなったハラボジ（朝鮮語で祖父の意味）は日本語がとても上手で、いつも日本語で私に話してくれました。なぜ、日本語が上手なのかと聞くと、日本の植民地時代の皇民化教育によって、日本語を教えられたという話をしてくれました。そういう話を子どものころから聞いていたので、日本が朝鮮半島を植民地にして、ひどい仕打ちをしてきたことはなんとなくわかっていました。

一方で、叔母や祖母からは、自分たちも差別を経験してきていることもあって、部落と朝鮮人にルーツのある私は、どちらも隠さないとまともに結婚や就職ができないよと教えられました。

そんな環境で育ったからか、私は日本にいると韓国人と言われ、韓国に行けば日本人なので、どこに行けばいいのか悩んだことがありました。いまだに戦後補償が終わっていないこともちゃ

＊4　**煮こごり**…牛すじ肉で作られた煮こごり。部落に流通する食文化のひとつ。

んと学んでいなかったので、ふたつのルーツをもっている自分が今、何をするべきか悩みました。そんなとき、アジアに対する日本の戦争責任の一環として、国際協力に取り組む人の手記を読んで影響をうけ、国際協力に興味をもちました。そして、高校のときは将来、国際的な問題に取り組むNGOや団体で活動したいと思いました。国際問題に自分が取り組むことで、日本に対しては韓国のイメージを、韓国には日本のイメージを変えていきたいと思ったのです。

それで、大学に入ってからはフェアトレード[*5]に取り組む団体に入って活動をしました。人と環境に優しいフェアトレード商品を広めるなかで、世界の社会構造、格差、貧困、環境などについて学ぶ機会を与えられました。フェアトレードの活動では、ほかの人権問題に取り組むさまざまな大学（学生）のつながりがあり、釜ヶ崎の野宿者問題や、福祉問題など日本のなかの社会問題に取り組んでいる学生に出会うことができ、国内外の問題がいかにリンクしているのかを実感できたことは、大きな学びでした。

そんなネットワークのなかで「日朝友好学生の会」という、日本と朝鮮半島の友好を考える会と出会います。これまで朝鮮半島としっかり向き合ってこなかった私にとっては、「朝鮮」と出会える活動場所があったことは大きな驚きでした。

――そこではどんな活動をしたのですか。

日朝友好学生の会に出会ったころは、在日朝鮮人の問題についてまったくわかっていませんでした。

朝鮮半島はもともとひとつで、それが南北二つに分かれて……という歴史などの事実は知っていましたが、日本における在日朝鮮人の苦難の歴史を、私は知りませんでした。中学・高校の歴

＊5 フェアトレード…公正取引。発展途上国で生産される原料や製品を適正な価格で公正に購入することによって、発展途上国の生産者の支援をはかる取引のことを指す。

史の授業では、「従軍慰安婦」をはじめとするさまざまな問題は、戦後補償で解決済みだと習い、歴史認識も曖昧《あいまい》なまま一〇代を過ごしました。

一方で、私たちが一〇代のころは、拉致問題をきっかけとして、朝鮮総連[*6]に対する強制捜査や、朝鮮学校に対する嫌がらせなど、朝鮮民主主義人民共和国（以下、共和国）バッシングがますます激しさを増している時期でした。

私の母は、韓国から渡日してきたニューカマーなので、共和国と自分をまったく切り離し、意識せずに生活することができたのかもしれません。けれど、テレビから流れてくる言葉、着ている民族衣装、食べ物、握手の仕方などは、母やその親戚たちとのふれあいのなかで見聞きするものとほとんど同じでした。なので、共和国バッシングであらためて、日本社会における根深い差別があることに気づかされました。

日朝友好学生の会に出会って、在日朝鮮人の同年代の三世・四世に出会い、朝鮮人であるがゆえの生きづらさを聞いたり、自分のことを話したりするうちに、今の日本社会が抱える問題について以前よりも深くとらえるようになっていきました。

また、日本の加害について、自分たちの問題だと真剣に取り組む日本人の先輩たちからもたくさんの影響をうけました。現状を変えるためには、日本人がまず知り、理解し、行動しなくてはいけないのだとあらためて実感しました。そのために、さまざまな問題を知るきっかけづくりのための展示会や上映会などに取り組みました。とくに、朝鮮学校の高校授業料「無償化」制度からの除外問題が起こってからは、抗議のためのデモや集会などを開催しました。そうした活動をしていくなかで、自分の立場性をどのようにとらえればいいのか、とても考えました。

＊6 **朝鮮総連**…一九五五年に結成された民族団体。正式名称「在日本朝鮮人総聯合会」。結成当初より、朝鮮民主主義人民共和国・朝鮮労働党との関係が深い。

――それはどんなことですか。

日本にルーツがあること、また日本国籍者であることで、朝鮮半島に対して行った日本の植民地支配に対する責任があります。また、現在も続く在日朝鮮人に対する弾圧に対しても。そして、韓国の政府がとった政策が、在日朝鮮人におよぼした影響を聞くにつれ、韓国にルーツのある自分も、在日朝鮮人の人たちに対してなんらかの責任があるのではないかと思うようになりました。

絡み合う状況のなかで、私は日本人として、韓国人ではなく朝鮮人として、ダブルとしてどう生きていくのか悩みました。

名前についても同様に悩みました。私にはいわゆる民族名がありません。あえて民族名を名乗るなら、母の姓である「徐《ソ》」と「映里奈《えりな》」を朝鮮読みにして「ソ・ヨンリナ」という名前になります。でも、今の私がそうした名前を名乗ることはできませんでした。まず、この名前では民族のなかの多様性、ダブルの存在が見えてきません。そして、祖母たちが部落であることを必死に隠そうとした日本名である瀬戸の名前を消してしまうと、部落問題も見えなくなってしまいます。

私がダブルで生まれたことを掘り下げて考えると、そこには部落差別のため日本人と結婚できなかった父をめぐる部落問題があり、そのうえで韓国人の母がいるのです。

一方で、日朝友好学生の会に来ていた在日朝鮮人の学生たちは、民族名で生活をしながら就職活動をし、日本社会と闘っていました。そうした同年代の朝鮮人たちの姿をみて、民族問題にも、部落問題にも、ダブルの問題からも逃げたくなかったので葛藤《かっとう》しました。

そんなとき、あるダブルの先輩が、日本名と民族名を併記して活動していることを知りました。これなら葛藤してきた問題を表現できる名前だと思い、そこから私は瀬戸徐映里奈と名乗るようになりました。

――お父さんはそのことについてどう思っているのでしょうか。

たいへん嫌がっております(笑)。昔から隠せと言う役はすべて叔母さんと祖母だったので、父が直接どう思っているのかは聞いていませんでした。最近は「こんな名前で……」と父から言われ、口論になることもあります。以前に父に報告したときには酔っぱらっていて、「いいで」と言ったから私は了解が取れたものだと思っていたのですが(笑)。

「日本人として育てたし、日本人にしたつもりなのに、何で韓国人のほうにいくの?」と言っています。

父は韓国人の母と国際結婚しているのに、自分の娘が韓国人、ましてや朝鮮人になることは嫌みたいです。日本国籍だから、日本人だと断言しているので、国籍とエスニシティ(民族)のちがいは、あまりわかっていないようです。

●……大学での研究

――大学の研究のほうはどうでしたか。

大学院に進学したのは、ラオスのことを研究するためでした。

ところが、日朝友好学生の会に参加してアイデンティティが揺れるなかで、自分が海外に行って活動するのが本当に正しいのかを考えるようになりました。

日本において、やることがあるのではないかと思ったのです。

考えた結果、担当教官に「ラオスのことはやりません」と言って、テーマを在日外国人に変えてもらいました。先生は驚いたと思います（笑）。

新しいテーマは、姫路をフィールドにしたベトナム難民の問題にしました。ベトナム難民をテーマにした理由は二つあります。

ひとつは小さなころから身近にベトナム難民の人がいたということです。

姫路はベトナム難民の人が多く、中学校の数学の先生がベトナム難民でしたし、父が働く皮屋にも多くのベトナム人が働いていました。ベトナムの従業員が工場の空き地でゴーヤを栽培していて、それを父がもらって帰ってきたので、夏はゴーヤ料理ばかりになりました（笑）。

彼らが日本のなかでベトナムの食事をするには多くの障害があり、食材が売っていなかったり高すぎて家計が圧迫したりします。だから、ベトナム難民が集まってみんなで食材を調達したり、食肉処理センターで働くベトナム難民から肉を大量に安く仕入れて、みんなで分けていたりします。そんなベトナム難民の食を通じたつながりを研究しようと思いました。

もうひとつの理由は、ベトナム戦争における韓国の責任問題があると思ったからです。朝鮮半島と日本の被害と加害の関係にずっと悩んできました。学部時代でのフェアトレード活動を通して出合った東南アジアにおいても、日本の植民地支配責任があることを知りました。日朝に横たわる問題を考えながら、ベトナム戦争における韓国の加害責任を研究することで、そうした複雑な加害・被害関係をほぐしていける小さな一歩になるのではないかと思ったのです。

ベトナム難民の問題を国際問題としてではなく、自分の住んでいる地域や部落のことについて考えたいと思い、今も研究しています。

——研究の悩みはありますか。

研究者であり続けたいとは思いますが、就職先がない状況なので不安です。非正規でもいいので、研究してきたことを活かして、在日外国人のサポートをする場所に携われればと思います。

●……恋愛と結婚

――恋愛・結婚についてはなにか考えていますか。

これまでは経済的には甘やかされてきたほうだと思います。父の家系は、「金さえあれば差別をされず、生きていける」という考え方をもっています。だから、私は小さいころから、医者か弁護士になれと言われました。こういう出自だから、その二つの職業になっておけば問題ないと思っていたようです。

結局、医者と弁護士にはならなかったので、今は上手く隠して上手く結婚しなさいと言われますが、そんなことは無理ですし、私は「それは嫌だ」と言っています。

私には民族と部落のことが重なりあってくるので、そのふたつが尊重されるよい着地点はないのだろうかと考えます。結婚という制度にも疑問があります。母は日本人の家に嫁いで、朝鮮人であることを否定されて生きてきました。誰とパートナーシップを深めるかということに本来、家は関係ないと思うのですが、なかなかそうはなっていない状況です。二人のあいだに差別がなくとも、どうしても相手の親戚が出てこざるをえない状況もありますし。

だから今はあまり結婚のことは考えていません。でも、不安はとくにありません。嫌な人は離れていったらいいという考え方ですし、差別はありますが、それで潰されない自信もあります。

私は、会うすべての人に対して、必要がなければ部落や民族のことについて詳しくは言いません。

でも、私と付き合いの深い人は、部落差別・民族差別をする人はいないだろうと思います。そういう意味では私は孤立をしていませんし、いろいろな活動をするなかでの出会いに本当に感謝しています。

在日ベトナム人の調査をしていても、彼らのネットワークの強さを感じることがあります。日本で生活するために、そのネットワークが必要なのだと思います。ただし、すべてのベトナム人がそうかといえばちがうと思います。

私の母も、つながれなかった人だったのではないかと思います。だから私は、この研究・活動を続けながら、さまざまな立場の人びとが生き延びるためのネットワークを広げていければと思います。

――ありがとうございました。

インタビュー……二〇一二年五月

差別に殺されてほしくない

広島で、音響関係の会社を興して働きながら、地元の子ども会にかかわっている政平烈史さん。なぜ、子ども会にかかわるのか、また、なにを伝えたいのか、お話を聞いた。（編集部）

政平烈史……一九七六年生まれ

◉……部落問題との出合い

――生まれたのは、どちらですか。

広島県三原市の部落で生まれました。三原の部落は四、五軒、多くても一〇軒ぐらいの少数点在型です。所属している部落解放同盟の支部も五町で構成されていますからすごく範囲は広いのですが、部落は町内に数軒しかなく、部落のない町もあります。福山市や広島市内には一〇〇世帯を超える大きな都市型部落もありますが、広島は典型的な少数点在型部落が多く、地区指定数は四〇〇以上を数えます。

私の住んでいる須波《すなみ》町では、五軒のならびが部落で、あともう少し離れたところに二軒の部落があります。だから、私が通った須波小学校には、一年生から六年生まで四〇〇人の児童がいましたが、部落の子は八人だけでした。

三原の部落は関所の番人や、いわゆる今でいう警察の役割だったので、そんなに多くの世帯は必要ありませんし、関所なら一軒でも成り立つわけです。築年数九九年の私の父方の実家を二〇年ほど前に解体したところ、屋根裏から古い物が出てきました。歴史的なルーツがはっきりしているところが多いです。

関所の近くに家があったところが多いので、部落の奥は行き止まりになっていて、先に道がないところが多くあります。

部落に対する偏見はもちろんありますが、部落の先がどこかにつながっているわけではありませんので、用事がなければわざわざ一般地区の人が部落に入ってくることもありません。

まさひら れいし さん

近代に入り番人の仕事がなくなると、もともと田畑をもっていないので小作で生きていくしかありませんでした。だから、経済的にはかなり厳しかったと思います。

一部の部落では農地改革のとき田んぼを与えられましたが、そこは海抜ゼロメートルより低い土地でした。現在、海沿いにある新幹線の三原駅のそばに城壁が残っていますが、あの周辺が城下町でした。大雨が降ると海に近い城下町が氾濫《はんらん》するのを避けるため、昔から山側に遊水地がありました。台風などで海が荒れたときは、逆に塩水が遊水地まで入ってきました。部落に与えられた土地は、誰もほしがらない遊水地だったのです。

三原の部落は、文字どおり多勢に無勢でした。それを私の父方の祖父が一軒一軒の部落をまわり、自分の家に人を集めて、「わしらがこんな環境に置かれているのに、ほったらかされているのがおかしい」と、部落の環境改善運動団体である民主同盟という組織を立ち上げました。

また、私の母方の祖父は解放同盟三原市協議会（三原市協）の初代議長でした。

私の運動の原点であり、影響を受けたのは、この二人の祖父です。

三原には如水館中学高等学校の創立者である山中幸吉という人物がいました。山中幸吉は、三原市長選挙の応援演説で、部落のど真ん中の神社で候補者に対する褒め言葉として、「この人は家柄が良い人、穢多やヨツとはちがう」という発言をしました。

たくさんの部落の人間がこの発言を聞いて怒りました。その事件を受けて民主同盟と解放同盟がひとつになって闘ったことから、三原の解放運動が盛り上がりました。

父方の祖父は、農業一本で生計を立ててきた人で、差別発言をした山中幸吉に対して、「あの人が差別発言をしてくれたから三原の解放運動が活発になった」と、祖父は死ぬまでずっとお米や野菜などを届け続けた変わった人でした（笑）。山中幸吉が亡くなってからも、その孫に農作物を送り続けており、私も何度か一緒に届けさせられた覚えがあります。「なんで部落の人間を侮辱した人に、そんなことをするの？」と聞くと、「あの人がいなかったら、三原の解放運動の立ち上がりはもっと遅かった」と言っていたのを覚えています（笑）。

――部落問題を知ったのは、いつですか。

小学校に入ると解放子ども会（子ども会）に行きました。私は最初、子ども会に行くのを拒否していました。それは、友だちは学校で遊んでいるのに、なぜ自分だけ放課後に会館[*1]へ行かなければならないのかと思ったからです。

私の父親は解放運動の活動家です。父親からは「子ども会へ行きたくなかったら行かんでもええ。お前が解放子ども会へ行く意味を見つけるまで自分で考えなさい」と、小学校一年生の私に、ずいぶんむずかしいことを言いました（笑）。

最初は、同じ小学校にいた部落の年上の子に引っ張って行かれる感じで参加していました。

小学校三年生のとき、東京から転校生がきました。当時、東京というとテレビのなかでしか見たことのない世界であり、その転校生は東京タワーや芸能人の話、また、「私、天皇陛下も見たことがあるよ」という話をしました。

私は帰って父親に、その転校生の話をしました。すると、天皇のところでピクッと顔色が変わり、「天皇というのはどんな人か知っているか」と言われました。私がテレビに出ている人だと答えると、部落差別と天皇制[*2]の話を二時間ぐらいしてくれました。そして話の最後に、「お前も部落出身じゃけえ、確実に部落差別を受ける」と言われました。そのあと子ども会は部落差別をなく

＊1 会館…ここでは、解放子ども会活動が行われている隣保館あるいは教育集会所のことを指す。

＊2 部落差別と天皇制…戦後の部落解放運動は、天皇・皇族という身分の温存は人間の平等を妨げること、また、部落差別の根拠となる穢れ意識の対極に天皇・皇族が位置付くことから、反天皇制を掲げ、日の丸・君が代に関しても反対運動を続けてきた。

すためにあるということを教えてくれました。

子どもに「確実に部落差別を受ける」などと言うのは、差別をなくす活動家の言葉とは思えませんが、ようするに解放運動をしている人や家族だからといって、差別を受けない保証はないということを伝えたかったのだと思います。また、現在子ども会を指導していますが、この言葉は学習のなかで必ず子どもたちに言っています。「差別を受けない保証など誰にもできない」とね。

――それを聞いてどう思いましたか。

ショックではありませんでしたし、やっぱりそうなんだという感じでした。子ども会でも、抽象的でしたが部落問題学習などをしていましたから。

●……子ども会活動

――子ども会ではどんなことをしていたのですか。

レクリエーションや畑づくりをしたり、夏休みにはキャンプをしたり、他県の部落の子ども会と交流会をしたりしました。その合間には、狭山事件や部落問題の学習会があり、「差別裁判うち砕《くだ》こう」[*3]や「解放子ども会の歌」[*4]の歌もうたいました。むずかしい言葉や歌詞に出てくる「ピオニール」[*5]の意味はわかっていませんでしたけど。

学習会を積み重ねていくうちに、石川一雄さんのことも知るようになりましたし、部落問題の学習会は、差別に負けない人間になろうというような内容でした。

中学校になると時間帯は変わりましたが、子ども会はありました。私の通っていた中学校は学区に小学校がひとつしかなかったので、転校生以外は小学校と同じメンバーがあがっていくこと

＊3 差別裁判うち砕こう…狭山裁判の判決を不当とし、事件の犯人とされた石川一雄さんを支援するための歌。一九七〇年、部落解放同盟による同和対策法具体化要求闘争と狭山差別裁判糾弾闘争を結合させた部落解放国民大行動が、福岡を出発した途中で作成され、広まった。部落解放同盟の各種集会で歌われる。

＊4 解放子ども会の歌…一九七五年、部落解放同盟大阪府連沢良宜《さわらぎ》支部子ども会が、子ども会の一層の発展を願って詩をつくり、子ども会指導者の手によって曲がつけられた。

＊5 ピオニール…ロシア革命によって、勤労者少年の共産主義的教育のために組織された無産少年団のこと。一九二八年以降広く各国に伝えられるようになった。全国水平社少年団・少女団がピオニール組織としてかかわっていった。

になります。私が中学三年生のころは、年が二つ離れた妹と私と、親が子ども会に参加させていなかった妹の同級生と私の同級生の四人しか部落出身者は学校にいませんでした。妹は多感な時期だったこともあり、子ども会から離れていきましたが、同級生のみんなは私が小学校のころから部落出身者であることを知っていたので、とくに隠したりすることもなく、子ども会に行きました。

少数点在型の部落でしたので、子ども会には小学校五校、中学校三校から部落の子が集まってきていました。一週間に二回、私は自宅から四キロ離れた子ども会まで、自転車で参加していました。当時は小中学校合わせて三〇人ぐらいの子どもが参加しており、地区も学校もまたがった部落の子たちと仲良くなりました。

中学校の子ども会では、部落のおじいちゃん、おばあちゃんから聞き取りをして、その内容を絵本にしたりしました。聞き取りのなかでよく言われたのは、自分たちは学校に行きたくても行けずに勉強ができなかったから、しっかり勉強してほしいということです。

おじいちゃん、おばあちゃんたちの時代は、学校へ行くと部落の子どもはいじめられたし、当時は教師も部落の子どもを差別していたことも知りました。今はそんなことはなく教師が部落の子どもたちを守ってくれるのも、差別を受けてきたおじいちゃん、おばあちゃんたちの闘いの成果であったということを知ることができました。

とくにこの年代の方々は戦争の体験もしています。私の両祖父はどちらも被爆をしていますので、原爆体験の話も聞きました。

●……学校での部落問題学習

——学校では部落問題を教えていましたか。

はい。小学校、中学校では、狭山事件のことを教えていました。これは三原市内の小中学校、部落の子が通わない学校であっても全校でやっていたようです。

私が中学三年生のころ、広島市中学校教師結婚差別事件[*6]が明るみに出ました。部落差別によって女子高校生のAさんが、首を吊《つ》って自殺をしたのです。

Aさんは私より二つしか年がちがわないこともあり、強烈なショックを受けました。父親に連れられてお墓参りも行きました。

なによりショックだったのが、結婚差別を起こしたのが中学校の教師であり、またその親も教師だったことです。当時、私は、学校の先生は部落差別をなくすために一生懸命がんばってくれている人たちだと思っていました。それが、部落差別によってAさんを排除しただけでなく、死にまでおいやり、さらに同和教育のあり方が広島市と三原市で温度差があること、それによってAさんへの取り組みが遅れたことを知り、怒りを覚えました。

学校の先生は部落差別をしない人たちだと信用していましたので、このショックは大きかったです。しばらくは、教職員不信になって、学校で部落差別はダメだと教える先生に対しても、「お前ら、口じゃあええこと言いよるけれども、お前らは差別を受けんだろうが」と思っていました。

進学した高校では私が入学する数年前に差別事件が起こり、それをきっかけに部落問題学習をするようになったと聞いています。

＊6 **広島市中学校教師結婚差別事件**…一九九一年に広島市内に住む被差別部落出身の女子高校生Aさんが、結婚の約束を交わしていた教師からの結婚差別を理由に自殺した事件。

高校一年生のときは、部落問題学習として狭山事件が取り上げられました。私は一番前の席に座っていて、先生は石川一雄さんのことをひととおり取り上げたあと、「石川さんは勉強していなかったから字が読めなかった。みなさんも勉強しないと石川さんのようになりますよ」と言ったのです。

教師というものに対するもろもろの感情もあって、私はすぐに「それは違おうが。石川さんは勉強してなかったけ、犯人にされたんか。勉強しないのは石川さんの意思か」と問いかけました。入学してすぐだったし、誰も私が部落出身者だというのを知らなかったので、クラスはざわつき「なんだあいつは」という感じになりました。でも、学習不足という言葉だけでは許せない発言だと思ったのです。

また、高校一年生の二学期に、部落問題学習として『橋のない川』[*7]という映画を、全校生徒で見ました。事前の学習会では、映画では賤称語が使われているけれど、そういう言葉は軽々しく使ってはいけないと教えられましたが、正直、私は学習が足らないと思っていました。

映画を見終わった帰り、「出なきゃいいな」と願っていたのですが、私のクラスの友だちのSくんが、よりによって私に向かって「おい政平、お前エッタだろうが」と言いました。私は「おうよ」としか返せませんでした（笑）。そのことを感想文に書くと職員室に呼び出され、感想文にSくんの名前は書かなかったので、「それは誰だ？」という話になりました。Sくんであることを伝え、先生から話をするのはかまわないけれど、かならず私を同席させてくださいとお願いしました。Sくんからすると、ふざけたことに対して怒られるぐらいにしか考えていなかったと思います。Sくんからふざけて言ったことについて謝られましたが、私はそのことを責めようとは思っ

＊7 **『橋のない川』**…雑誌『部落』に一九五九年から連載された住井すゑの小説。奈良の架空の被差別部落、小森を中心として、差別のなかから部落解放運動に目覚める人びとの姿が描かれる。

ていないと伝えたあと、自分の出自のことを打ち明けました。そのあと、Sくんの家にも先生が行って親と話をしたようですが、じつはSくんのお母さんも県内の部落出身者であることがあとでわかりました。Sくんから「政平、じつはのう、お母ちゃんも部落じゃった」と聞きました。

学校には、部落解放研究会（解放研）というクラブがあって、私は部長をしていましたが、解放研には二人ぐらいしか部員はいませんでした。

三原は少数点在の部落ですので、地域でも学校でもいつも絶対的少数者という環境のなかで過ごしました。

●……子ども会指導者をめざす

――高校を卒業してから、どうしたのですか。

私には、子ども会の指導者になりたいという夢がありました。差別に負けない力をつけるという活動を、自分も子ども会で受けてきたので、それを子どもたちに伝えたいという気持ちがあったからです。

当時三原では、「校外学習指導員制度」というものがあり、子ども会の指導者はその制度のなかで教育委員会に所属する子ども会指導員、いわゆる市役所の職員しかなれませんでした。私は成績が悪かったので大学は無理だろうとあきらめていたのですが、親から留年しても高校だけは卒業してもらうと言われたので、留年しないように勉強をしだしたら成績があがっていきました。そして、高校二年の三学期に、担任の先生からもう少しがんばると大学進学も可能だという話をされました。

それを聞いて勉強をがんばった結果、大分の大学の土木工学科に進学することができました。四年間大学に通い、子ども会の指導者になるため三原市の職員採用試験を受けましたが、落ちてしまいました。担当教授からは民間企業でよければ大手ゼネコンで紹介できるところがあると言われました。「どこですか?」と尋ねると、福岡の松本組[*8]だと言うのです。松本組の名前が出たときは、出自がバレたと思ってびっくりしました(笑)。部落のことは別に隠していたわけではありませんが、教授には言っていませんでしたし、教授もなにかを意図して紹介したわけではなく、たんなる偶然だったと思います。

しかし、地元にこだわりがあったのでそのときは断りましたが、受けていたら私は今、松本組で働いていたかもしれません(笑)。

すると担当教授から、もう一年大学に残って論文を書いてみてはどうかと提案されました。学費も半額になるし履歴にも書けるので、翌年の三原市の採用試験をめざしながら、コンクリート研究の論文を書きました。

しかし残念ながら、次の年も三原市役所には採用されませんでした。どうしようか考えていたとき、部落の生活実態や生活困難者の調査をする生活相談員という臨時職を紹介してもらい、子ども会活動にも仕事の一部としてかかわることができるというので、生活相談員として働くことにしました。

昔から三原の部落には、解放文化祭のときなどに自転車で全部まわっていたので、生活相談員としてほかの部落に行っても顔見知りばかりで、みんなよくしてくれました。

――子ども会活動はどうでしたか。

＊8 松本組…解放の父と呼ばれた部落解放運動の指導者である松本治一郎が、一九一一年に創立した建設業者。

生活相談員の二年目で、急に子ども会指導員にならざるをえない状況になりました。君が代・日の丸問題をめぐって世羅高校の校長が自殺した事件から、解放運動バッシングが起こりました。そのなかで、子ども会指導員として市立小学校の教員が出向というかたちで三原市教育委員会へ所属し対応していましたが、広島県教育委員会が、特定運動団体の特定の子どもに、教員が指導するのはおかしいだろうという理由で、子ども会から引き上げてしまったのです。

指導者の数が確保できなくなったこともあり、二年目からは隣保館の非常勤職員として子ども会指導にあたることになりました。

そして、二〇〇二年に特別措置法が期限切れを迎えると、今度は三原市も子ども会から手を引きました。

しかし、制度がなくなったからといって子ども会を閉めてしまうと、結局、仕事だからやっていたのだと言われるのは悔しいですし、三原市協でも子ども会運営をどうするのか議論になりました。差別に負けない力を身につける場を、制度がなくなったという理由で子どもたちから奪ってはなりません。そこで、三原市協が主体となって子ども会を運営していくことを決めました。

しかし、最初はきつかったです。活動場所は学校の一部を使わせてもらったりしていましたが、学校が使えなくなったので集会所に移動しました。また、一般地区の子どもたちも参加していましたが、先生が来なくなったり、行政から子ども会の終了通知が出るなかで、「お母さんが行ってはいけないと言っているので、今度からもう子ども会には来れません」と言う子が出てきました。

教育委員会からは教職員に対して子ども会にかかわってはいけないという職務命令まで出されていたなかで、子どもたちは学校でも子ども会の話ができなくなりました。

多くの大人や一般地区の子どもたちが離れていくなかで、部落の子どもたちから「ぼくらは悪いことしよるん?」と言われました。それを聞いたとき、私も正直できた人間ではないので、腹が立ちました。

でも、親が伝えきれない部落問題を子ども会で学習させなければならないという気持ちがあったので、がんばって続けました。わが子に面と向かって「お前は部落出身じゃけえ、差別を受ける」というのは、うちの父親ぐらいです。差別にけっして負けてはいけないと、耳にタコができるぐらい言わないと、子どもたちは社会的立場を自覚できないと思います。私の母方の祖父は、結婚しようと考えていた相手の家にあいさつに行ったとき、門前払いをくらいました。「どうしてですか?」と聞くと「親に聞け」と言われて、そのとき親からはじめて部落の出身だと教えてもらいました。差別を受けてから知ったショックは、半端ではなかったようです。

また、常に差別をされた側、被害を受けた側に立って物事を考えなさいと子どもたちには言い続けてきました。そうでなかったら、被差別の立場にあるにもかかわらず、無意識のうちに差別に加担してしまいます。

部落の出身者同士で結婚した親戚《しんせき》がいます。ところが、夫のほうは自分が出身者ということを知りませんでした。あるとき、その夫が部落の人間を差別したのです。怒った妻が、「あなたも部落の人間なのよ」と伝えると、顔が青ざめて愕然《がくぜん》となったそうです。常にされる側の気持ちを考えなければ、社会意識としての差別観が植えつけられるのだと思います。

これから先、子どもたちは部落差別の被害に遭《あ》わないとは誰も保証できません。今はがんばって子ども会を残してよかったと思いますし、行政ではなく解放運動が部落の子どものことを考えるようになったのは、よかったと思います。

また、離れていった先生や一般地区の子どもたちも、来なくなったイコール差別に肯定的な人間になったというわけではありません。それまで取り組んだものが必ず残っていますので、部落の人間を差別する立場にならないと信じています。

たまに会う先生に、「今でも子ども会をがんばりよるの?」と言われます。「がんばる」という言葉からその先生の気持ちは伝わってきますし、うれしく思います。また、「あの子はどうなったの」と聞く先生に会うと、やっぱり部落の子どもたちを気にかけてくれているんだと感じますし、離れていったのではなく、来れない状況にさせられたという言い方が正しいのだと思います。

——非常勤の職が終わったあと、仕事はどうしたのですか。

独立して音響関係の会社を立ち上げました。大学時代に音響関係の事務所でアルバイトをしていましたし、高校から今も現役ですがバンドをしてきましたので、ギターやベース、ドラムの指導などもしています。今年で五年目になります。二〇〇九年に福山市で開催された部落解放研究全国集会でも、全体会場の音響を担当させてもらいました。

私は景気がよかった時代を知らないので、始めたときから景気は悪いのですが、口コミで広まって今では大きいステージや音楽関係のイベントを任されるようになりました。忙しいときもありますが、子ども会活動や運動があるときは、自営業なので融通をきかせられますし、たとえば書類の仕事だったら夜にまわすこともできます。

また、子ども会出身の若い子が仕事に困っているときは、現場の仕事に誘ったり、何人かを引っ張ってきて、この子はどこの出身の子だよと子どもたちをつなげたりしています。

どうしても人目に付く仕事ですから、子ども会で面倒を見た子が大きくなって、声をかけてくれると本当にうれしいですね。

子ども会が制度として切られたのは二〇〇二年ですから、そのとき小学校一年生の子が、もう高校三年生になっています。がんばってきてよかったなと感じます。

●……伝えたいこと

――子どもたちに伝えたいことは何ですか。

二〇〇二年に特別措置法が切れてからこの一〇年間、部落問題を教えられずに育った人は、インターネットなどで偏見に満ちた情報しかもらえていません。三原では部落は絶対的少数者なので、部落の人が見えないし、わからないわけです。部落の人間はただ差別される対象としか植えつけられていないなかで、現在の経済状況などで窮地に立たされた人間が部落を差別する事件が起こっています。もちろん愉快犯もいますが、差別をする人間も身分制秩序の犠牲者だと思います。

私が部落の子どもたちに伝えたいのは、絶対に差別に殺されてほしくないということです。逃げてもいいから、死なないでほしい。自覚をしつつ隠すというのは、けっして悪いことではないと思います。部落出身というのはどんなに努力しても変えようがないことであり、そのうえ現に部落差別があります。だから、闘う人がいて、隠す人がいるのです。

誤解を恐れずに言うと、差別者という立場に立ってもいいから、死なないでほしい。差別者には人間変革を求めることができますし、それが糾弾だと思っています。

私がいつもこだわるのは、一番多感な時期に経験した、一九九一年の広島市中学校教師結婚差別事件です。Ａさんがあのとき死ななかったら、今は幸せな人生を送っていたかもしれません。そして彼女が生きていたら差別をした教師は、今は差別をなくす側の人間であったかもしれません。逆に、彼女が死んでしまったことで、あの教師は今も良心の呵責《かしゃく》にさいなまれているかもしれません。

どんなやり方でもかまわないから、死なないでほしいと思います。

――**ありがとうございました。**

終章

部落問題を語ることの困難とその可能性

内田龍史

ここまでをお読みになった読者は、若者たちのあいだに、それぞれの立場から部落問題と向きあっているという共通点と、生い立ち・生まれ育った地域・生き方・考え方などに多様性があることを読み取られたのではないかと思う。蛇足にならないか相当に心配ではあるが、終章はインタビューなどを補完する意味で、いくつかの資料と分析をもとに、部落出身であること、あるいは部落問題を他者に語ろうとする若者世代が、何と向きあっているのか/何と向きあわざるをえないのかを明らかにしたい。

1……若者世代のリアリティ

若者と一口に言っても年齢に幅があることから、多少前後があることを承知で、本書に登場した彼/彼女らの世代について概説しておこう。

政治的には、彼／彼女らの多くが小・中学生のころ、すでにベルリンの壁が崩壊し、部落解放運動をはじめ、平等社会のひとつの理想形であった社会主義への展望は大きく後退していた。

経済面においても学齢期にバブル景気が崩壊し、以降、毎年景気は悪化する。一九九〇年代以降、若年失業率が上昇、非正規雇用の労働者が急激に増加し、就職活動の際には果てのない氷河期を経験した世代である。二〇〇二年からは五年ほど好景気が続いたものの、二〇〇八年にはリーマンショックを経験、未曾有《みぞう》の大不況に直面し、子ども・若者のあいだに貧困が広がっていることが可視化された。

そしてこのあいだ、二〇〇一年に誕生した小泉純一郎政権が象徴的であるが、公共部門の民営化・規制緩和といった新自由主義路線の政策が進展してきた。こうした新自由主義のロジックにより、本来自己責任とは言えないことが、自己責任として追及されるようになったことも、彼／彼女らを取り巻くリアリティのひとつだろう。

山下範久は、著書『現代帝国論』のなかで、「今日の〈帝国〉化した世界――それは、ひとびとがまず人間として受け入れられるという建前がグローバル化した世界でもある――においては、個々の生にふりかかるリスクは、平等に自由が与えられた空間での選択の結果であると見なされ、原則として――あらかじめの推定として――自己責任として扱われる」（山下、二〇〇八、五一）と指摘し、あらゆるリスクが自己責任として取りあつかわれるようになっていることを指摘している。仮にこうした状況であるとすれば、厳しい状況に追い込まれていること自身、自己の選択の結果だとみなす／みなされることとなり、特に、不利な立場に置かれた若者を心理的によりいっそう厳しい状況に追い込むことになる。

部落出身の彼／彼女らにとっては、部落問題をめぐって大きな変化を経験している世代でもある。一九六九年に制定された同和対策事業特別措置法以降、三三年間にわたって続いた一連の特別措置法が二〇〇二年に期限切れをむかえ、行政によるさまざまな取り組みが後退した。他方で、各種の調査によって部落の若者の低学歴傾向と不安定就労割合の高さが指摘されている（部落解放・人権研究所編、二〇〇五・二〇〇九・二〇一一、内田、二〇一〇・二〇一一、妻木、二〇一〇・二〇一二、妻木・内田、二〇一一、大阪市立大学文学部社会学教室編、二〇一〇）。こうした経済的な不安定さのみならず、近年では部落解放運動団体内部での不祥事[*1]もあって、同和利権批判や同和行政の見直しが行われるなど、政治的にも社会的にも厳しい状況に置かれている。

一九二二年、「エタである事を誇り得る時が来た」と宣言した全国水平社の活動に見られるように、差別によって否定的なアイデンティティ形成を余儀なくされてきた部落の人びとは、部落解放運動のなかで肯定的なアイデンティティを形成することをめざしてきた。こうした営みをアイデンティティ・ポリティクスと呼ぶが、そうした取り組みとして重要な役割を果たしてきた解放教育運動・解放子ども会活動も、同和行政の見直しによって、大阪ではその拠点となっていた青少年会館が二〇〇七年三月に廃止されるなど、継続的な活動がむずかしい状況にある。

こういう時代だからこそ、本書に登場する彼／彼女らに共通しているのは、部落問題がわかりにくいこと、伝えにくいことはある意味当然であり、だからこそ、伝えにくい問題をいかにして伝えていくのかを模索する取り組みであるように思う。

＊1 部落解放運動内部での不祥事…二〇〇六年、部落解放同盟支部長の横領による逮捕によって発覚した飛鳥会事件など。詳しくは森（二〇〇九）、角岡（二〇一二）を参照。

2……部落出身青年のアイデンティティ調査から

ところで、多くの部落出身の若者たちはどのように部落問題と向きあっているのだろうか。かつて私は、二〇〇四年度に、部落解放同盟奈良県連合会青年部とともに、部落出身青年のアイデンティティに関する質問紙調査を実施したことがある（部落解放同盟奈良県連合会青年部、二〇〇六・内田、二〇〇六）。調査対象となった若者は、奈良県在住かつ比較的部落解放同盟に近しい関係があるといった偏りがあり、一般化はできない。ただし、この調査を通じて、比較的運動が活発である地域での若者世代の部落問題との向きあい方を、ある程度明らかにできたのではないかと考えている。

ここで細かな内容を紹介することはできないが、「部落出身である」と回答した二〇二名（平均年齢二五・〇歳）の分析から明らかとなったいくつかの特徴をあげると、①差別への不安は大きいこと（結婚差別認識は七割・被差別体験においても、自身が差別を受けた、あるいは差別と出遭《であ》ったことがある層はあわせて三割強）、②部落解放運動への評価と自己のアイデンティティ評価が結びついていること、③部落問題について語り合える人間関係があること、部落へのコミュニティ意識が高いこと、運動への多数の参加や、部落問題に関する知識の多さなどが肯定的なアイデンティティ評価と結びついていることなどである。

図1は、アイデンティティ評価に関する質問項目に対する回答結果を示している。特徴的なのは、「C　部落出身であることで、差別を受けるかも知れないと、不安を感じることがある」「D　部落出身であることを他人に告げる際、ためらいを感じることがある」であり、半数を超える人

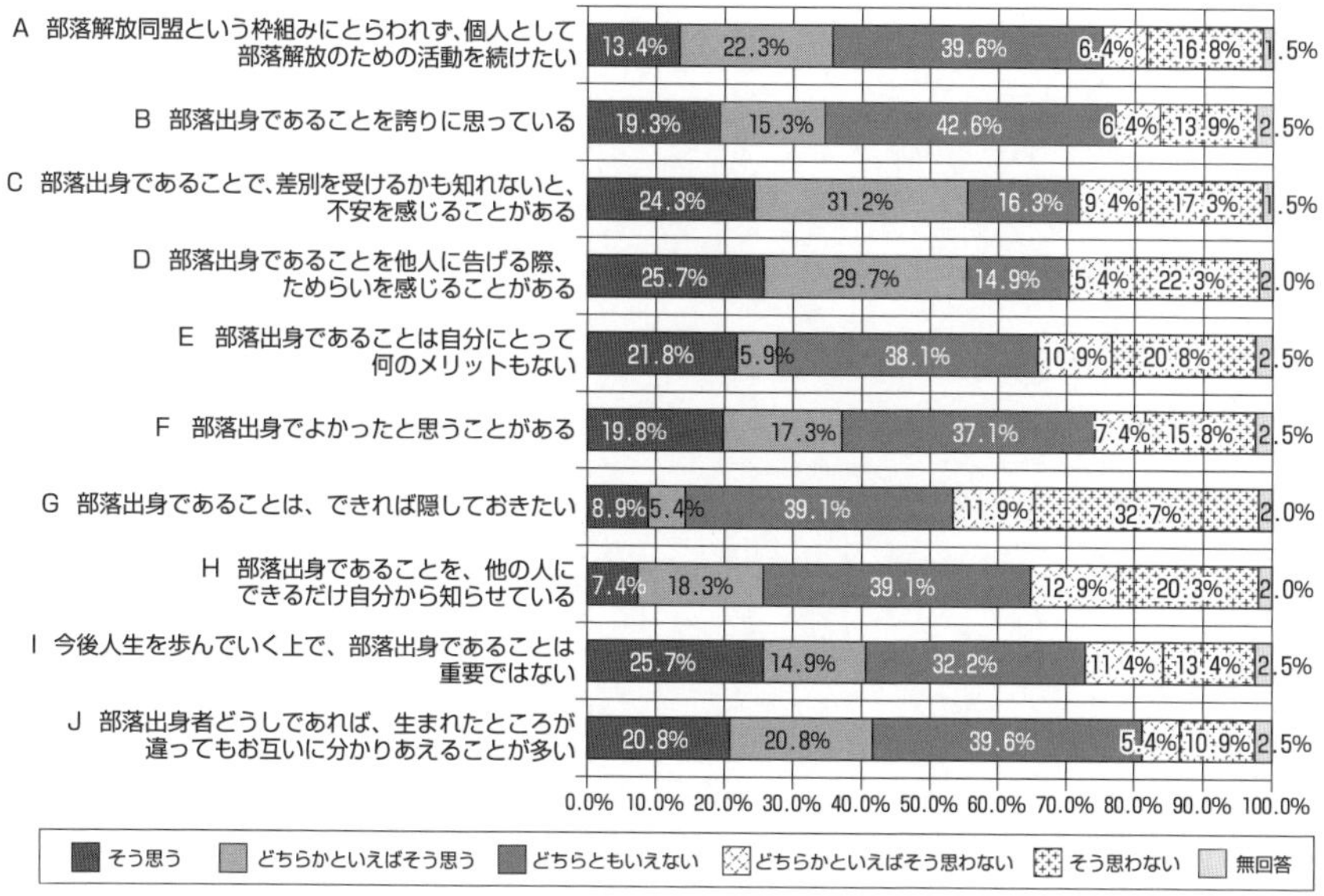

A 部落解放同盟という枠組みにとらわれず、個人として部落解放のための活動を続けたい
13.4% 22.3% 39.6% 6.4% 16.8% 1.5%
B 部落出身であることを誇りに思っている
19.3% 15.3% 42.6% 6.4% 13.9% 2.5%
C 部落出身であることで、差別を受けるかも知れないと、不安を感じることがある
24.3% 31.2% 16.3% 9.4% 17.3% 1.5%
D 部落出身であることを他人に告げる際、ためらいを感じることがある
25.7% 29.7% 14.9% 5.4% 22.3% 2.0%
E 部落出身であることは自分にとって何のメリットもない
21.8% 5.9% 38.1% 10.9% 20.8% 2.5%
F 部落出身でよかったと思うことがある
19.8% 17.3% 37.1% 7.4% 15.8% 2.5%
G 部落出身であることは、できれば隠しておきたい
8.9% 5.4% 39.1% 11.9% 32.7% 2.0%
H 部落出身であることを、他の人にできるだけ自分から知らせている
7.4% 18.3% 39.1% 12.9% 20.3% 2.0%
I 今後人生を歩んでいく上で、部落出身であることは重要ではない
25.7% 14.9% 32.2% 11.4% 13.4% 2.5%
J 部落出身者どうしであれば、生まれたところが違ってもお互いに分かりあえることが多い
20.8% 20.8% 39.6% 5.4% 10.9% 2.5%
0.0% 10.0% 20.0% 30.0% 40.0% 50.0% 60.0% 70.0% 80.0% 90.0% 100.0%
そう思う
どちらかといえばそう思う
どちらともいえない
どちらかといえばそう思わない
そう思わない
無回答

図1　アイデンティティ評価に関する質問項目

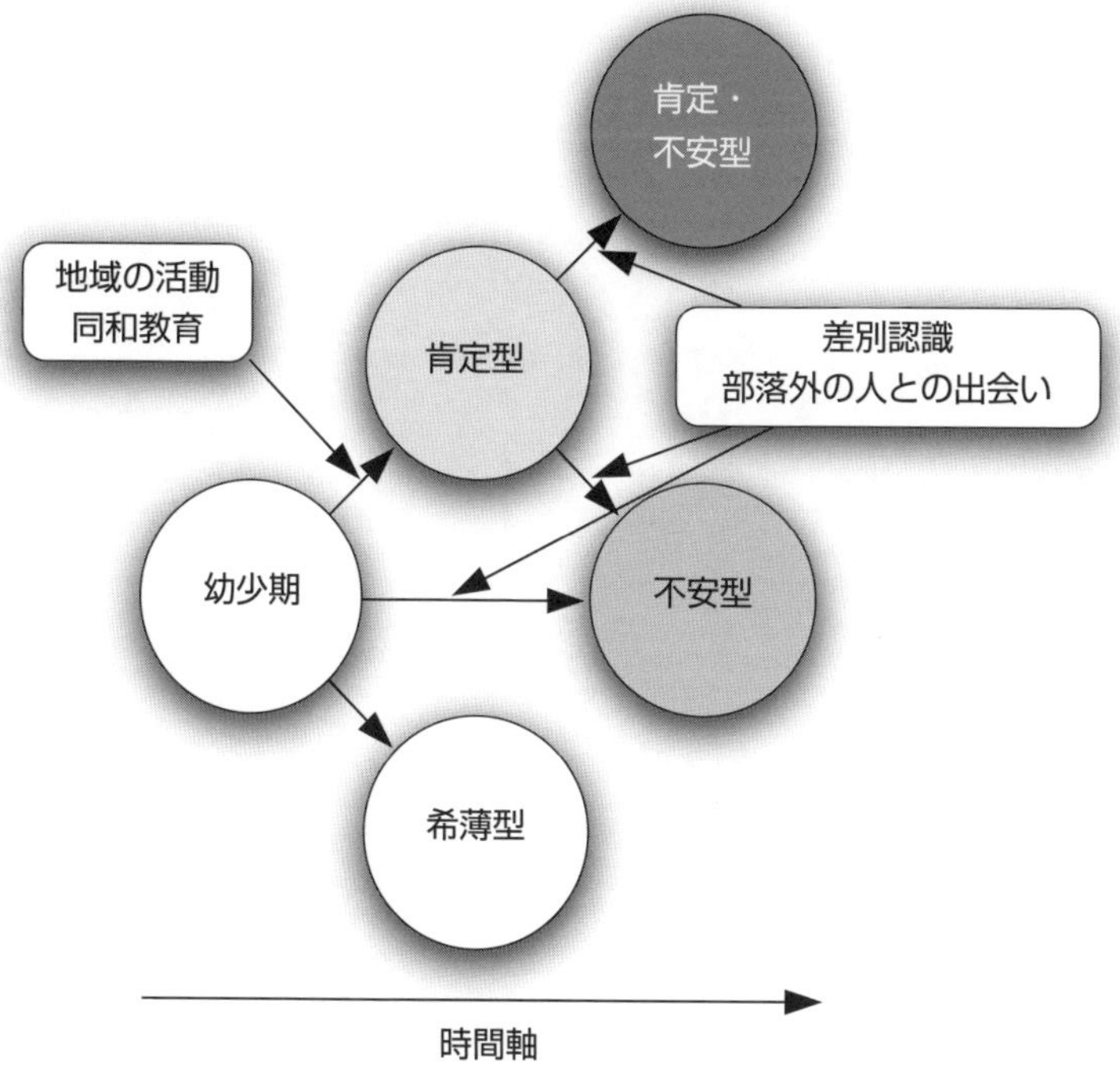

肯定・不安型
地域の活動
同和教育
肯定型
差別認識
部落外の人との出会い
幼少期
不安型
希薄型
時間軸

図2　アイデンティティ類型の関係概念図

が、差別やカムアウトに対して不安を感じている。逆に、「G 部落出身であることは、できれば隠しておきたい」については「そう思わない」「どちらかといえばそう思わない」が半数近くを占める。全体的に見れば、差別への不安は強いが部落出身であることを隠したくはない、といった特徴は見られる。しかし、多くの項目については「どちらともいえない」の割合が高いうえに回答傾向は賛否がばらけており、けっして一面的な意識状況にあるとはいえないことが確認できる。

これらの質問項目を用いて、いくつかに若者たちを類型化することを試みた。クラスター分析によって四つに類型化し、平均年齢などそれぞれの特徴を加味して示したのが図2の概念図である。

部落出身者であるという自覚は、生育過程のどこかの段階で獲得されるものであり、さらにはそのことに対する部落出身者としてのアイデンティティ評価が生じる。親が部落出身であるという背景を持っていれば、肯定的／否定的を問わず親から継承されることがある。親からでなくとも部落解放子ども会の活動など、積極的な自覚・肯定的なアイデンティティ形成をめざす営みによって自覚することもあるだろう。

図を時間軸にそって解説すると、幼少期から大きくなるにつれて地域の活動や同和教育によって肯定的にアイデンティティを評価する「肯定型」（全体一九七人中一七・八％）となる。そうした取り組みや差別に関する認識が弱い場合は部落出身であるという自覚はあるものの、肯定的にも否定的にもとらえない「希薄型」（一六・八％）となる。また、部落外からの被差別体験を含む厳しい差別認識などによって、差別への不安も生じる。その場合、肯定的なアイデンティティ評価はとどめたまま差別への不安もある「肯定・不安型」（四八・二％）、肯定的なアイデンティティ評価がない場合には「不安型」（一七・三％）となる。

先にアイデンティティ・ポリティクスについて述べたが、「社会的立場の自覚」というスローガンに代表されるように、部落解放運動は、部落差別は差別を受ける側が悪いのではなく、差別をする側が悪いのであって、出身をもってみずからを卑下することはないというメッセージを送り続けてきた。つまり、部落差別と向きあう一方で、部落出身であることを肯定的にとらえること、さらには差別を生み出す社会変革のにない手となることをも要請してきたのである（内田、二〇一〇b、二〇一三）。

その意味で、「肯定・不安型」が全体の半数近くを占めていたのは納得できるものである。彼／彼女らは、差別がある社会と向きあいつつも、部落出身であることを肯定的にとらえている。また、「希薄型」がもっとも割合が低いということは、部落出身者という自覚がある者のうち、部落問題と向きあっていない若者は少数であることを示しているといえよう。

なお、本調査においては青年部に「現在参加している」と回答したものは一三・九％にすぎない。ここから、運動に現在参加していなくても、肯定的にしろ否定的にしろ、当時、部落問題と向きあっている者は少なくなかったのではないかと推測できる。

3……若者が向きあう部落問題の現在

次に、若者が向きあわざるをえない部落問題の現在について、いくつかのデータを紹介しよう。

①結婚差別問題

まず、本書でも何度かその経験についての言及がなされていた結婚差別について考えてみたい。少々古いデータとなってしまったが、図3は、筆者も分析にかかわった、二〇〇四年に三重県民を対象に実施された調査結果を示している。問いは、「もしかりに、あなたのお子さんが、恋愛し、結婚したいといっている相手が同和地区の人だとわかった場合は、あなたは、どんな態度をとると思いますか?」というものである。

この問いにはリアリティがある。というのも、現代において部落差別にもとづく結婚差別が生じるパターンのほとんどは、結婚しようとする当人同士で生じるのではなく、親や親族など他者の介入によるものだからである。その意味でここに示される数値は、現実に結婚差別が生じる確率を推測させるものとなっている。

結果を見ると、全体のうち「考えなおすように言う」という積極的な忌避が九・二%、「迷いながらも考えなおすように言う」が二一・五%であり、あわせて三割程度が忌避的態度をとる回答をしている。こうした結果からいえるのは、まずもって結婚に介入して差別するとする割合は全体から見ると少数派になっているということである。筆者はかつて、部落―部落外のカップルを対象として、結婚差別に関する事例研究を行ったことがある（内田、二〇〇四）。そこでは、部落外の親が結婚反対のために娘や息子に「それはお前が世間知らずなだけだ、周りはみな差別している」といった説得がなされることがあるが、みな差別しているというのは間違いであることが確認できる。

また、若年層ほど結婚忌避的態度をとらない傾向も確認できる。

図３　結婚忌避的態度　三重県2004年調査（2006）

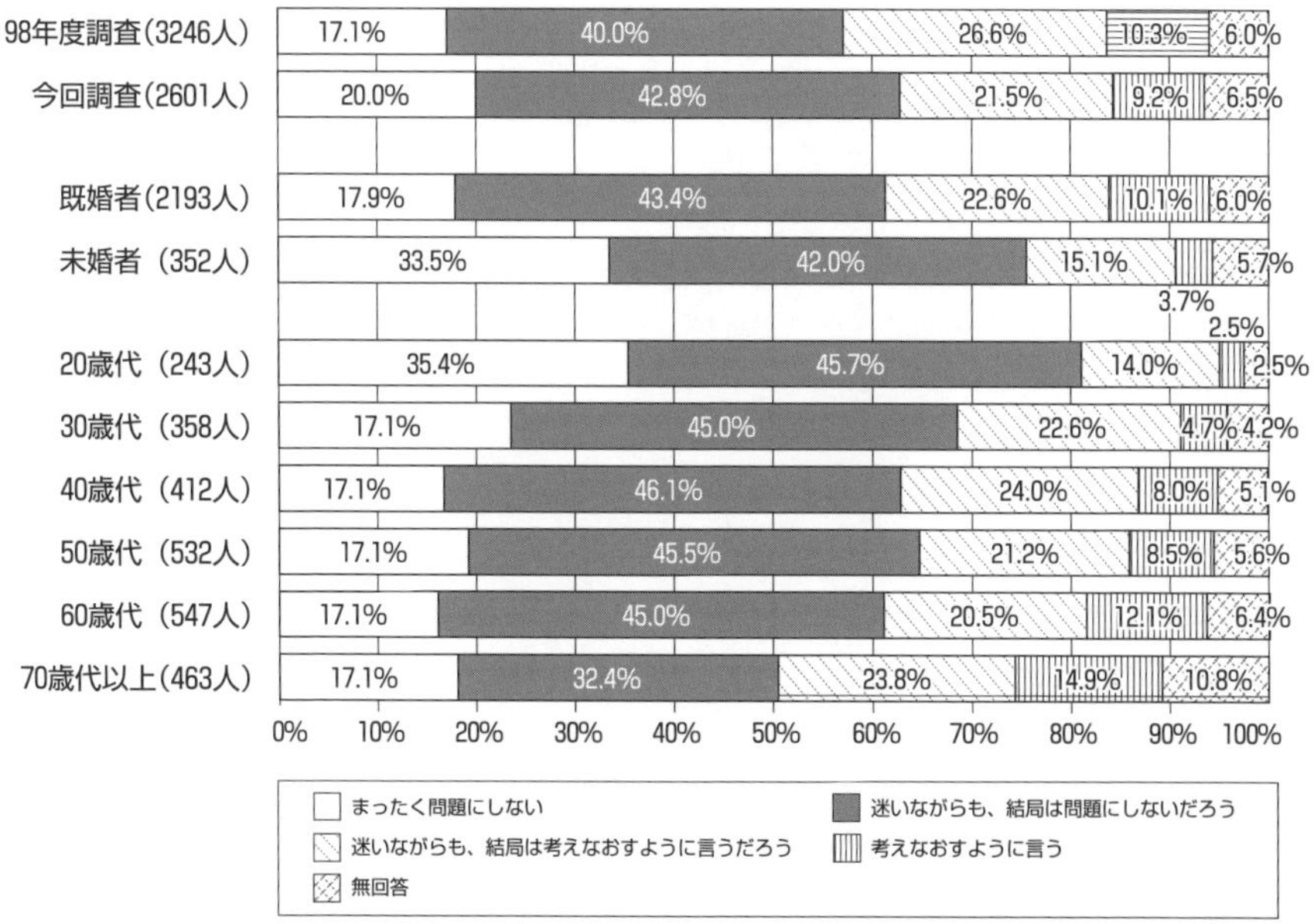

図４　夫の年齢別通婚率の変化

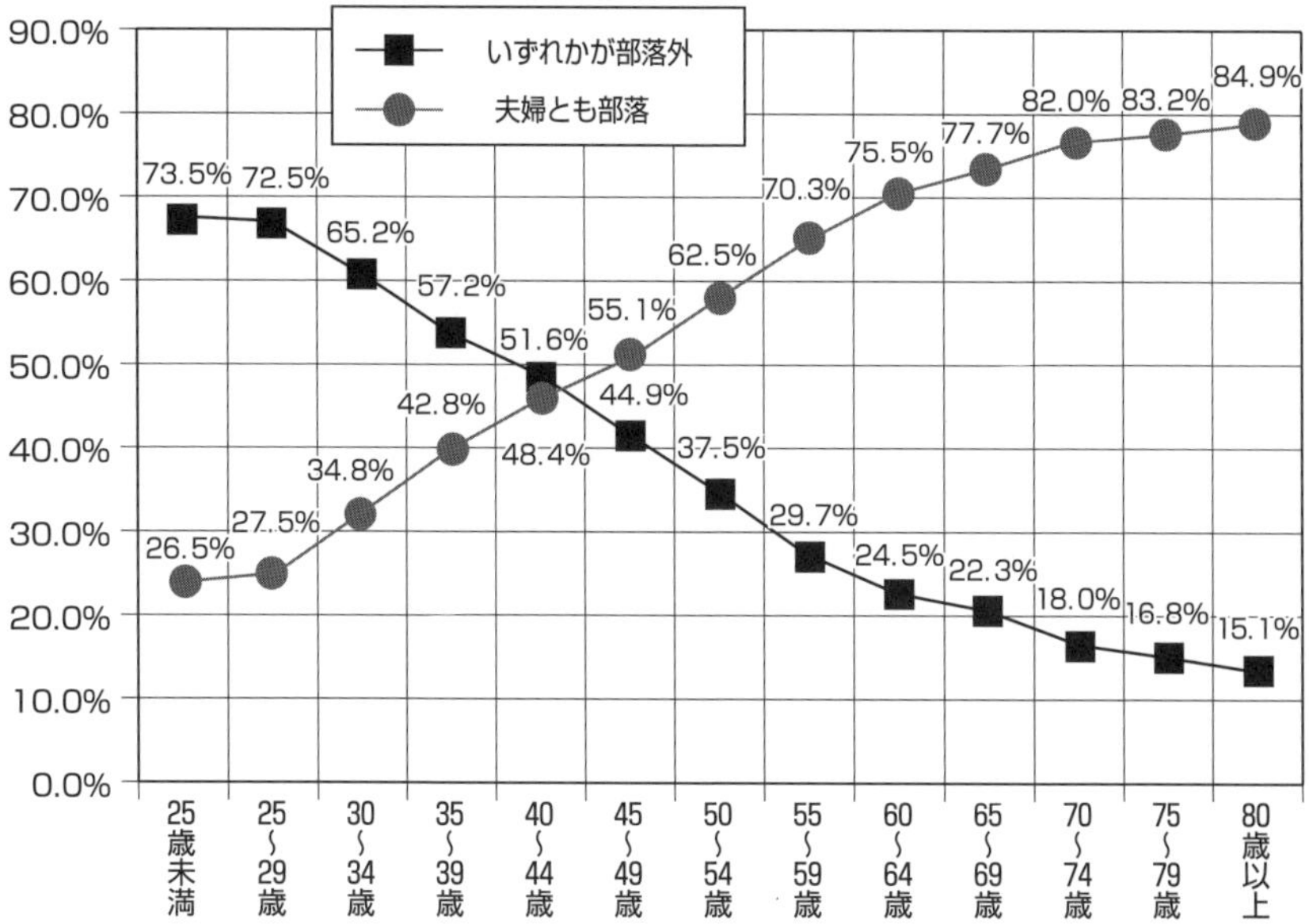

（1993年調査、部落解放研究所編、1997：137より作成）

今からおよそ一〇〇年近く前、一九一九年の内務省調査報告では、部落と部落外のカップルの結婚は三％にすぎなかった（杉之原、一九六八）。総務庁による一九九三年調査（総務庁長官官房地域改善対策室、一九九五）を見ても、夫の年齢階級別に見た夫婦の組み合わせを見ると、年齢が若くなるほど部落・部落外のカップルが増加していることがわかる（図4）。結婚がおよそ考えられなかった状況からは、大きく変化したといえよう。

では、部落と部落外のカップルが増加し、結婚差別をする人が少数派になったからよいのかというと、必ずしも手放しでよいとするわけにはいかない。部落出身者の側から見てほとんどの人が部落外の人と結婚する状況においては、結婚差別に遭遇する確率が三割程度というのは、友だち三人が集まればひとりが、きょうだい三人いればひとりが、という確率になる。これは重い数字である。

他方で、ある部落外の人が、親から反対を受けて結婚差別の渦中に置かれる確率はどのくらいだろうか。

部落出身者といっても進学・就職・結婚など、さまざまな機会に部落外に流出したり、同様に部落内に流入する人もいるため、総人口を厳密に把握することはできない。ここでひとつの目安として同和関係人口をあげてみよう。同和関係人口とは、「近世の被差別身分との系譜関係をもつ者を指す。行政的には〈同和地区に居住するもののうち、日本社会の歴史的発展の過程において形成された身分階層構造に基づく差別により、経済的、社会的、文化的に低位の状態に置かれ、現在においてもその社会的経済的地位の向上が不当に阻まれていると認められるものをいう〉（一九七五年「全国同和地区調査」）と定義されている」（野口、二〇〇一）。先に見た一九九三年の総務庁調査によれば、同和関係人口は八九二、七五一人であるから、日本国内に居住する人のうち一％にすら満たない。

このような前提で、仮に部落出身者の人口比率を一％にすると、ある部落外の人が結婚相手として部落の人を選ぶ割合は一％程度となる。そのうち親や親族などから反対を受けて、結婚差別にいたる割合が三割程度であるから、部落外の人が部落差別にもとづく結婚差別に遭遇するのは、せいぜい〇・三％、すなわち三〇〇人いてひとりいるかいないか程度の確率となる。通常、マイノリティは差別を厳しく、マジョリティは差別を軽く見積もる傾向があるが、それは、こうした人口比における非対称な構造からその理由を導き出すことができる。ましてや、結婚はプライベートな領域の問題ととらえられることが多く、差別が生じたとしても事件などとして表面化することは少なく、より差別の現状は知られにくい状況にある。

先に述べたように、部落と部落外の結婚がありえないといった一〇〇年前の状況からはずいぶんと変化した。しかし、一定の割合で部落差別をしようとする人がいるかぎり、当事者にとっては現在においても軽く見過ごせる問題ではない。

②寝た子を起こすな論・部落分散論

社会構造的に部落差別が見えにくいことに加え、部落外の人びとにとって、部落差別が遠く感じられる理由として、部落がどこにあるのか、どこに部落の人がいるのか、通常はふれられることがないことがあげられる。部落差別が縁遠い出来事であるという感覚は、特に若年層で顕著であるように思われる。

部落解放運動は、部落の子ども・若者たちが部落出身であることを自覚し、差別に負けない運動の主体になることを求めてきた一方で、マジョリティ社会に対しては、それが差別を誘発するという理由から、どこが部落であるのかを公表することについては慎重であり続けている。その背景に、差別が怖い、差別されたくないという想いがあることは言うまでもないだろう。

こうした理由もあり、どこが部落なのか、誰が部落出身であるのかが表だっては目に見えて明らかにならない状況があり、実態としての部落・部落出身者へのリアリティに欠けるかたちで、いわゆる「寝た子を起こすな論」や「部落分散論」には一定の広がりがある。

たとえば、大阪府が二〇一〇年に実施した人権問題に関する意識調査では、同和問題解決のために効果的と思われる施策、取り組みについて大阪府民にたずねているが、「同和問題や差別があることを口に出さないで、そっとしておけばよい（自然に差別はなくなる）」といった寝た子を起こすなという考え方に対し、「非常に効果的／やや効果的」「効果的ではない／あまり効果的ではない」がともに三四・八％と、効果的と考える人と効果的でないと考える人が同数となっている（図5）。

また、「同和地区の人びとがかたまって住まないで、分散して住むようにする」といった部落分散論は、社会問題である部落問題の解決の責任を部落住民にのみ押し付ける当事者責任論の最たるものであるが、「非常に効果的／やや効果的」が四六・九％と半数近くを占めている。

部落分散論は、憲法第二二条によって保障されている「居住移転の自由」（憲法第二二条一項「何人も、公共の福祉に反しない限り、居住、移転及び職業選択の自由を有する。」）を侵害するものである。また、寝た子を起こすな論は、問題を直視しないことによって問題を放置することになるととも

図5　同和問題解決のために効果的と思われる施策、取り組み

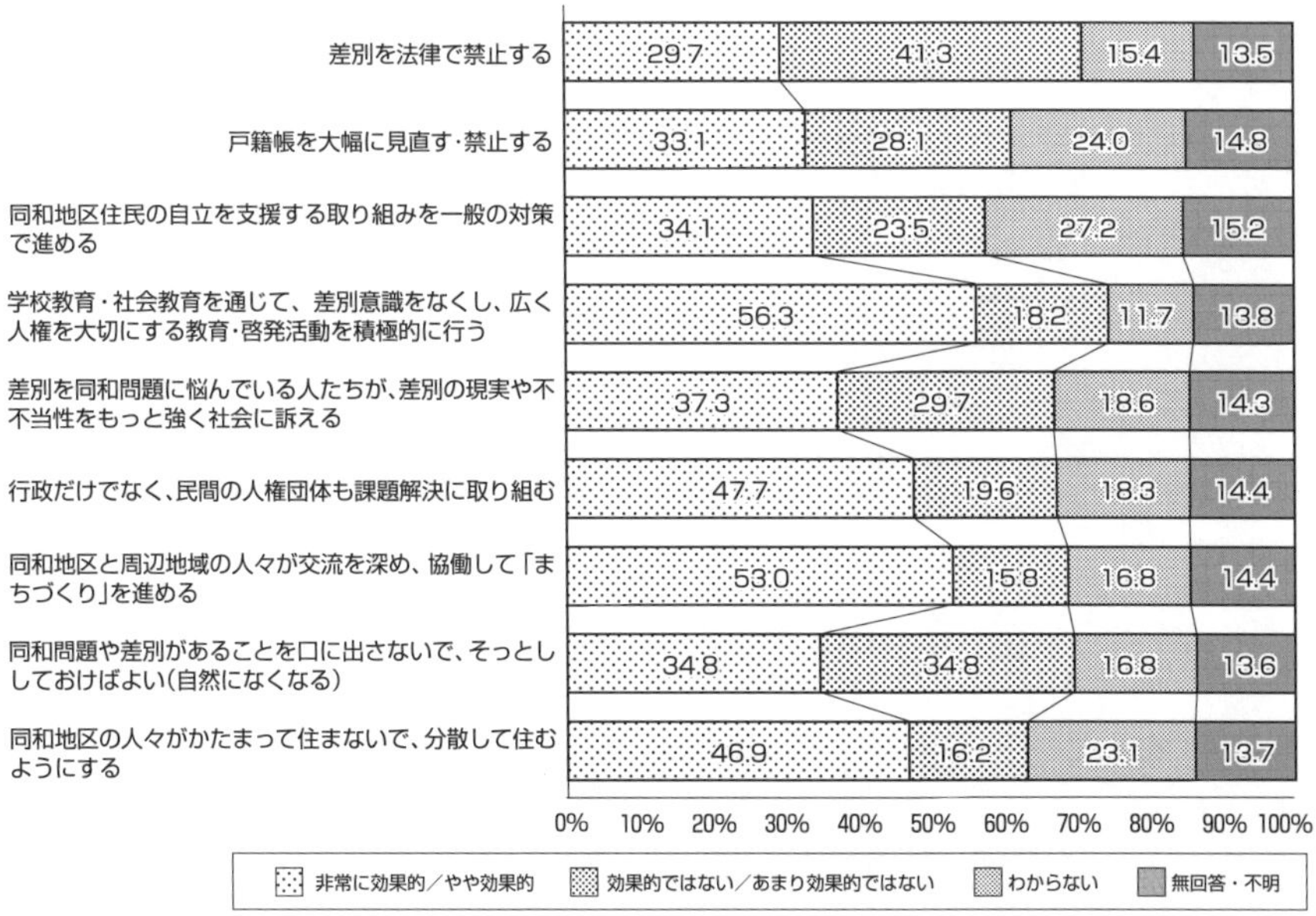

（大阪府、2011：67より作成）

に、部落の人びとが声をあげにくい状況を強化するものである。加えて部落問題を語ることがタブー視される傾向にあることも、「寝た子を起こすな」を強化する要因のひとつであろう。

③公正世界仮説

こうした状況において、部落外の若者にとって、部落問題に向きあうとはどういうことか？

多くの人にとって部落問題は自分の問題ではなく、部落の問題として、つまり、他人事としてとらえられていることが教育・啓発の場で叫ばれて久しい。大学の教員として学生の状況を見るかぎり、近年の特徴としては、部落問題について聞いたことはあるものの、自分にとっては

リアリティがない、過去の歴史上の問題としてとらえられていることが多いように思われる（こうした状況は運動が弱い地域では常にあったのかもしれないが……）。それもそのはず、どこが部落なのかも知らないし、誰が部落出身者なのかもわからない、そんな状況でリアリティを感じられるはずがない。なのに差別があるらしい、ということでは、摩訶不思議《まかふしぎ》な存在としかとらえられないだろう。

繰り返しとなるが、こうした部落問題にリアリティのない世代にとっては、構造的に「部落差別はない」「部落問題はない」ように見えてしまうのである。

実は、「差別がない」と思っている人は、実際に差別に直面したときに、差別するほうを問題視せず、安易に差別された人を非難する回路が働きやすい。世の中は公正にできており、差別はないはずだ、なのに差別が生じたのは差別された人が何か問題を起こしたからだ、という考え方である。こうした正当化の論法は「公正世界仮説」（Lerner, 1980）として知られている。また、やっとの思いで、差別を受けた不利な状況に置かれていることを当事者が告発したとしても、それを軽く見なしたり、当事者に問題があると認識してしまい、被害者のほうを非難してしまう「犠牲者非難」によって、差別を受けた人をさらに追いつめてしまうことになる。

部落問題を過去の問題としてしか認識していない者（特に若者）は、何らかの出合いがないかぎり、あらかじめ現在への、そして現に生活している人を取り巻く問題であるという視野が閉ざされてしまっている。かくいう私も二〇年ほど前まではそうだったのだが、被差別部落に否定的ではないアイデンティティがあるなどとは考えもつかないのである。

④圧倒的な無理解

一方で部落出身を自覚しつつ部落問題と向きあっている若者がおり、他方で部落出身者などこの世にいるのかどうかもわからない存在だとみなしている若者が多数いる。このギャップを埋めていくには、残念ながら、部落出身者がカムアウトし、問題提起していくことしか手がかりがないように思われる。しかし、その先には多くの困難が待ち受けている。「なぜ差別されることにこだわるのか?」「差別される地域なら出て行けばいいじゃないか?」「差別差別というから差別されるのではないか?」という問いにいちいち答えなければならないハメになるからである。

あげく、差別があることを提起しようとすれば、「被害妄想」などの言葉で冷たくあしらわれ、「部落問題にこだわるのはおかしい」という言葉に簡単にかき消されてしまう。部落出身者として部落問題に向きあい、それを部落外の人びとに伝える困難は、差別への不安があることも大きいが、差別への抵抗として獲得・継承されてきた部落出身者のアイデンティティに関する根本的な無理解にもあるように思う。本書の彼/彼女らのように、伝えたいことはあるのだ。

4……部落問題をどう伝えるか

学生運動華やかなりし頃においては、理想的社会の実現に向け、さらには社会問題の解決に向けて、社会運動に参加することはそれほどハードルが高いことではなかったのではないかと思う。しかし、大きな物語としての理想的な社会という指針がゆらいでいる現在、その問題設定は一足飛びに理想的な社会に向けて、とはならず、個別具体的なものとならざるをえない。では、現代の部落問題を伝えるためには、どこに突破口を見出せるのだろうか。

①〈人の魅力という可能性〉

ひとつの可能性は、人の魅力の発信である。具体的な人びとの生のありようを知ることから、その背景にある問題に気付けば、問題はごく身近なものとしてとらえられる回路が開かれる。序章で述べたように、上川多実さん・川﨑那恵さんが言及している映画『阿賀に生きる』（佐藤真監督）は、まさにそのようなツールであり、だからこそさまざまな社会問題に当事者として向きあっている人のみならず、そうではない人にも強く印象に残る映画となっているのではないかと思う。具体的に部落問題と向きあう「個人」の生のありようを、物語として発信することには、大きな可能性があると考える。

②〈構造的・量的な把握〉

他方で、一人ひとりの魅力を発信することも重要であるが、現代の部落問題を構造的にとらえ、丁寧に説明をする営みも重要である。私自身が部落問題の現状把握研究にこだわるのは、学生時代、多くが過去の問題ととらえている部落問題を、学生に対して語ることのむずかしさに直面したことが大きい。今の問題として説明をするためには、今の問題であることの証左が必要なのである。

私がこだわってきたのは、先に紹介した奈良県での調査などのように、社会調査から現状を明らかにする試みである。しかも、質的データのみならず、できるだけ量的にデータを集めて問題を提起することである。数は普遍的であるからこそ意味を持つ。もちろん、調査票を作る段階で当事者の人たちと検討を行い、ある程度の状況を確かめたうえで、質問紙調査という手法を使って量的に現状を示すのである。残念ながら、一つや二つの事例では特殊な事例・物語であり、社会的に共有されない問題とみなされてしまうことがありうる。ある程度の量をもって部落問題の現状を語ることは、社会的事実をマジョリティに突きつけるためにはいまだ有効な方法だと考えている。

5……彼／彼女らは稀な存在なのか？

ところで、今回の特集を通じて出会った彼／彼女らは稀《まれ》な存在なのだろうか？　確かに、語る言葉や表現手段を持っているという意味では稀かもしれない。そこに行き着くまでにはさまざまな学習や経験、そして彼／彼女らを支える人びとが必要である。しかし、部落問題と向きあっているという意味ではそうした若者は少なくないだろう。

もちろん、部落解放運動の専従活動家でもないかぎり、彼／彼女らの生活を表面的に見れば、部落問題と向きあっているのかどうかはわからない。しかし、就職・恋愛・結婚・子育てなど、さまざまな場面で差別や無理解と向きあわざるをえない状況があることは、各種の実態調査から明らかとなっている。ただ、それは当人らにとって、必ずしも負担としてだけの経験ではないだろう。社会問題としての部落問題と向きあうことは、われわれが構成する社会と向きあうことでもある。そしてそこから、必ずしも自分だけ／他人だけに振りかかってくるわけではない、差別や無理解を生み出す社会が見えてくる。「自分の子どもが差別をするようになってしまうことが一番恐ろしい」「だから自分の頭でなにが正しいのか、なにがいけないのかを判断して生きていってほしい」（本書52－53頁）という上川多実さんの願いは、差別される存在としての被差別部落という枠を越えて、現代が差別を生み出す社会であることをしっかりと見つめているからこそ出てきた言葉ではないか。そしてそれは部落・部落外を越えて、若者世代に共有されてしかるべき課題であろう。

差別を生み出す社会、差別されるかもしれないという不安を与える社会、部落出身者に対してそれほど理解があるとは言えない社会の現状と向きあいつつ、日々の生活を営んでいる若者たち。そして、けっして彼岸の「差別されている人」だけに一元化されず、具体的な生の一断面として部落問題を伝えたいと願う若者たちをこれからも応援したい。

謝辞

本書は、何よりも顔写真と名前を出すことを前提としてインタビューをご承諾くださった方々、さらには彼／彼女らを仲介いただいた方々の協力なしには成り立たなかった。あらためてここでお礼を申し上げます。また、解放出版社編集部の松原圭さんには対象者の人選やインタビューのまとめに加え、本書の発刊にもご尽力いただいた。ありがとうございました。

文献

部落解放同盟奈良県連合会青年部、二〇〇六『「青年ならびに高校生の意識・実態調査」報告書』。

部落解放研究所編、一九九七『図説今日の部落差別第3版——各地の実態調査結果より』解放出版社。

部落解放・人権研究所編、二〇〇五『排除される若者たち——フリーターと不平等の再生産』解放出版社。

部落解放・人権研究所編、二〇〇九『部落解放同盟大阪府連合会女性部調査報告書』部落解放同盟大阪府連合会。

部落解放・人権研究所編、二〇一一『部落青年に関する2つの全国調査結果報告（概要）』。

角岡伸彦、二〇一二『ピストルと荊冠——〈被差別〉と〈暴力〉で大阪を背負った男・小西邦彦』講談社。

Lerner, Melvin J. 1980, *The Belief in a Just World: A Fundamental Delusion*, New York: Plenum.

森功、二〇〇九『同和と銀行——三菱東京ＵＦＪ〝汚れ役〟の黒い回顧録』講談社。

野口道彦、二〇〇一「同和関係人口」部落解放・人権研究所編『部落問題・人権事典』。

大阪府、二〇一一『人権問題に関する府民意識調査報告書（基本編）』。

大阪市立大学文学部社会学研究室編、二〇一〇『二〇〇九年住吉地域労働実態調査報告書』。

妻木進吾、二〇一〇「不安定化する都市部落の若年層――二〇〇九年住吉地域労働実態調査から」『部落解放研究』（部落解放・人権研究所）第一八九号。

妻木進吾、二〇一二「貧困・社会的排除の地域的顕現：再不安定化する都市部落」『社会学評論』六二巻四号。

妻木進吾・内田龍史、二〇一一「佐賀県における被差別部落の現状「佐賀県の被差別部落生活実態調査」から」『佐賀部落解放研究所紀要』二八号。

内田龍史、二〇〇四a「部落マイノリティに対する忌避・差別軽減に向けて『接触仮説』を手がかりに」『部落解放研究』（部落解放・人権研究所）第一五六号、三一－四七頁。

内田龍史、二〇〇四b「結婚差別の乗り越え方」『結婚差別の現状と啓発への示唆』部落解放・人権研究所、三六－九〇頁。

内田龍史、二〇〇六「部落出身青年のアイデンティティと社会関係――奈良県連青年部調査結果から」『奈良人権・部落解放研究所紀要』（奈良人権・部落解放研究所）第二四号、八一－一〇〇頁。

内田龍史、二〇一〇a「大阪における部落の変化と女性若年層――大阪府連女性部調査から」『部落解放研究』（部落解放・人権研究所）第一八九号。

内田龍史、二〇一〇b「期待される部落民像――アイデンティティの獲得と継承」黒川みどり編著『近代日本の他者と向きあう』解放出版社、二八一－三〇八頁。

内田龍史、二〇一一「都市型部落における労働・生活とアイデンティティ――二〇〇九年住吉地域労働実態調査」から」『部落解放』第六四一号。

内田龍史、二〇一三「部落差別への抵抗としての〈アイデンティティの政治〉」畑中敏之・朝治武・内田龍史編著『差別とアイデンティティ』阿吽社、三二七－三五三頁。

杉之原寿一、一九六八「婚姻と部落差別」『研究』神戸大学文学会、三二－七五頁。

山下範久、二〇〇八『現代帝国論　人類史の中のグローバリゼーション』ＮＨＫブックス。

内田龍史（うちだ・りゅうし）
1976年生まれ。大阪市立大学大学院文学研究科人間行動学専攻社会学専修修了。博士（文学）。現在、尚絅学院大学総合人間科学部現代社会学科教員。専門は社会学、部落問題論、マイノリティ論。
著書に、『差別とアイデンティティ』（共編著、阿吽社）、『児童養護施設と社会的排除』（共著、解放出版社）、『部落史研究からの発信 第3巻 現代編』（共著、解放出版社）、『近代日本の他者と向き合う』（共著、解放出版社）、『新版 実践はじめての社会調査』（共編著、自治体研究社）、『排除される若者たち』（共著、解放出版社）など。

部落問題と向きあう若者たち

2014年2月25日　初版第1刷発行

編著者　内田龍史
発　行　株式会社 解放出版社
〒552-0001　大阪市港区波除4-1-37　HRCビル3F
TEL 06-6581-8542　FAX 06-6581-8552
東京営業所
〒101-0051　千代田区神田神保町2-23　アセンド神保町3F
TEL 03-5213-4771　FAX 03-3230-1600
振替 00900-4-75417　ホームページ http://kaihou-s.com

印刷・製本　株式会社 国際印刷出版研究所

ISBN978-4-7592-0119-2　NDC361 247P 21cm
定価はカバーに表示しております。落丁・乱丁はおとりかえいたします。